Sofie Meys

Kreative Pflanzgefäße

Gartendekoration einmal anders

Für Sascha

Leopold Stocker Verlag
Graz – Stuttgart

Umschlaggestaltung:
DSR Werbeagentur Rypka GmbH, 8143 Dobl/Graz, www.rypka.at
Titelbild: Sofie Meys

Bildnachweis:
Dieter Baumann: S. 150 u.; Petra Hildebrand: S. 79; Britta Kuth: S. 88, 89, 90; Reinhard Witt: S. 48.
Die übrigen Abbildungen wurden freundlicherweise von der Autorin zur Verfügung gestellt.

Bibliografische Information der Deutschen Nationalbibliothek
Die Deutsche Nationalbibliothek verzeichnet diese Publikation in der Deutschen Nationalbibliografie; detaillierte bibliografische Daten sind im Internet unter http://dnb.d-nb.de abrufbar.

Hinweis: Dieses Buch wurde auf chlorfrei gebleichtem Papier gedruckt. Die zum Schutz vor Verschmutzung verwendete Einschweißfolie ist aus Polyethylen chlor- und schwefelfrei hergestellt. Diese umweltfreundliche Folie verhält sich grundwasserneutral, ist voll recyclingfähig und verbrennt in Müllverbrennungsanlagen völlig ungiftig.

Auf Wunsch senden wir Ihnen gerne kostenlos unser Verlagsverzeichnis zu:
Leopold Stocker Verlag GmbH
Hofgasse 5 / Postfach 438
A-8011 Graz
Tel.: +43 (0)316/82 16 36
Fax: +43 (0)316/83 56 12
E-Mail: stocker-verlag@stocker-verlag.com
www.stocker-verlag.com

ISBN 978-3-7020-1452-0

Layout und Repro: DSR Werbeagentur Rypka GmbH, 8143 Dobl/Graz
Druck: Druckerei Theiss GmbH, 9431 St. Stefan

Inhalt

Sofie Meys

Dank

Bedanken möchte ich mich vor allem bei meiner Familie und bei den vielen „guten Seelen" des Leopold Stocker Verlags, die zum Gelingen des Buches beigetragen haben, insbesondere auch bei Carina Spielberger und Josef Pollhammer.

Meinen Töchtern Andrea, Corinna und Lisa danke ich im Besonderen für ihr Engagement beim Gestalten der Tontöpfe, die richtig schön geworden sind!

Ein Dankeschön möchte ich auch an Christian richten, der das ganze Jahr über so fleißig war und trotz vieler Schwierigkeiten nicht aufgegeben hat!

Darüber hinaus freue ich mich immer wieder darüber, dass ich zum Fotografieren auch in anderen Gärten zu Besuch sein darf und sage daher gerne auch an dieser Stelle „Danke" für diese großzügige Hilfsbereitschaft meiner Mitmenschen.

Wie bereits für mein Buch „Deko aus Beton", durfte ich wieder im schönen Garten meiner lieben Nachbarn Inge und Erich Fotos machen, außerdem in den Gärten meiner Schwestern Beate, Brigitte und Monika, die mich außerdem fleißig mit „Bastelmaterial" versorgt haben. Und natürlich nicht zu vergessen: Meine Mutter, deren Garten sich inzwischen zu einem äußerst inspirierenden Ort entwickelt hat und die mir außerdem mit Rat und Tat stets hilfreich zur Seite steht. Was tät' ich nur ohne sie? Ich bin einfach nur dankbar und froh, dass ich sie habe!

Herzlichen Dank auch an Britta für die schönen Mosaik-Fotos, an Inge, Erica und John für die hilfreichen Tipps, an Lisa und Moritz für ihre Mithilfe sowie an Karin und Dieter Baumann, auf deren idyllisch gelegenem Anwesen wir töpfern und fotografieren durften!

In meinem Herzen immer bei mir ist mein lieber Vater, dem ich so viel zu verdanken habe!

Vorwort

Wie kommt man darauf, eine nostalgische Kakaokanne mit Verbenen zu bepflanzen, Moos-Steinbrech aus einer Jeans sprießen zu lassen oder in alten Vorratsdosen einen Gemüsegarten anzulegen?

Geboren wurde die Idee, Pflanzen in eher unüblichen Gefäßen zu kultivieren, eines Morgens, als bei mir zunächst der Wunsch nach einem leckeren Eintopf bestanden hatte und ich dafür den ganz großen Suppentopf aus dem Regal in meiner Abstellkammer hervorholen musste.

Aus Platzgründen lagerte ich meine inzwischen schon recht ordentliche Sammlung schöner Blumenvasen genau unter diesem Regal, auf welchem ich sämtliche Kochtöpfe und deren Deckel verstaut hatte. Der größte Topf hatte natürlich einen Platz ganz hinten im Regal erhalten und so mussten erst zahlreiche Deckel und kleinere Töpfe beiseitegeschoben werden, um ihn zu erreichen.

Wie groß war mein Schreck, als dann dieses Geräusch von zerberstender Keramik ertönte: Ein schwerer Deckel aus Eisen hatte seinen Halt verloren und war anscheinend mitten hinein gefallen in die so sorgsam zusammengestellte Vasensammlung.

Der nächste Schreck folgte auf dem Fuß, als ich nämlich feststellen musste, dass ausgerechnet meine Lieblingsvase einen ordentlichen „Katscher" am Rand abbekommen hatte! Sie hatte natürlich ganz vorne in erster Reihe gestanden, um als erkorener Vasenliebling immer besonders schnell griffbereit zu sein!

Da ich keine so offensichtlich beschädigten Vasen in meiner Sammlung dulden würde, sortierte ich die schöne Vase mit dem türkisblauen Relief schweren Herzens aus und war mit dem guten Stück schon auf seinem vermeintlich letzten Weg zur Mülltonne, als ich quasi in allerletzter Sekunde diese rettende „blumige" Vision hatte:

Üppig blühende Lobelien wucherten aus der Vasenöffnung heraus und kaschierten dabei ganz nebenbei den beschädigten Rand mit ihrem dichten Blattwerk. Die farbintensive Vase, in der ich im Frühling immer so gerne die ersten Narzissen drapierte, würde dazu ein Abzugsloch bekommen und könnte fortan im Freien stehen. „Da draußen“ würde mir auch ihre kleine Beschädigung nicht mehr allzu viel ausmachen, stattdessen ergäbe sie einen schönen knalligen „Farbtupfer“ im Gartenbeet.

Da es mir immer schon Freude bereitete, in meinem Garten neben den ganz normalen Gartengewächsen und Einrichtungsgegenständen auch ein wenig Kunst zusammenzutragen, würde sich hier ein ganz neues Kapitel aufschlagen lassen: Zunächst würde ich Pflanzen in Vasen, Kannen und Schüsseln setzen und diese überall im Garten aufstellen. Und irgendwie ahnte ich schon, dass es nicht allein bei den Vasen und Schüsseln bleiben würde ...

Lassen Sie sich überraschen, welche Gegenstände aus Haus und Garten meinen liebsten Gartengewächsen inzwischen ein Zuhause wurden. Zeigen werde ich außerdem, wie man mit wenig Aufwand ganz individuell eigene Gefäße für Pflanzen gestalten kann. Ein Nacharbeiten der vorgestellten Pflanzgefäß-Ideen wird hier ausdrücklich empfohlen, die Entstehung eigener Kreationen ist ebenfalls erwünscht!

Bildtext

Der Reiz des Außergewöhnlichen

Gefäße aus Porzellan und Keramik

Bei der Betrachtung eines schön angelegten Gartens suche ich instinktiv immer gleich nach hervorstechenden Details, welche diesen Garten zu etwas Besonderem machen, ihn sozusagen aus der Masse aller anderen Gärten hervorheben. Gärten „von der Stange", bei denen praktisch einer dem anderen gleicht, waren mir dagegen immer schon viel zu langweilig, als dass sie Begeisterung auslösen könnten. Worüber sollte man hier auch staunen können?

Die Zauberworte in puncto Gartengestaltung heißen für mich daher „Individualität" und „Kreativität".

Ich liebte es schon immer „Outdoor"-Kunstausstellungen zu besuchen. An einem meiner früheren Wohnorte gab es einen sogenannten „Skulpturengarten". Auf einem prächtigen Anwesen rund um eine historische, alte Villa fanden dort in unregelmäßigen Abständen Kunstausstellungen statt, die über die Jahre hinweg von unzähligen Gästen besucht wurden, die sich hier nur zu gerne inspirieren ließen.

Kletterrosen, üppige Staudenrabatten sowie gepflegte Rasenflächen im Verbund mit dem liebevoll restaurierten Gebäude im Hintergrund ergaben für sich alleine schon eine atemberaubende Kulisse für die dort ausstellenden Künstler. Die Kombination aus beidem erst, also den von Menschenhand geschaffenen Kunstwerken in einer Umgebung aus geschmackvoll angeordneten Anpflanzungen, bildete diesen so spannend erscheinenden Kontrast, der bei den meisten Menschen etwas tief in ihrem Inneren Existierendes anstößt. Und diesen Anstoß benötigen wir in aller Regel, um die eigene manchmal noch tief und fest in uns schlummernde Kreativität zutage treten zu lassen.

Das Schöne dabei: Es muss nicht zwangsläufig ein von Profis gepflegter Park sein, um sich zu eigener „Kunst" inspirieren lassen zu können. Jeder Flecken Natur, und sei er noch so klein, reicht dafür aus. Jedes noch so winzige Detail im eigenen Gartenreich kann unser Herz erwärmen und mit seiner Schönheit die Seele berühren oder ganz banal ein wenig Freude verbreiten. Erfrischend einfach funktioniert das Gestalten mit kreativen Pflanzgefäßen.

Durch die Wahl eines eigenwilligen Gegenstandes, der über einen Hohlraum verfügt, oder die individuelle Gestaltung eigener Pflanzgefäße gelingt uns auf denkbar einfache Weise, wovon jeder Künstler träumt, nämlich ein hohes Maß an Aufmerksamkeit zu erregen. Pflanzen in besonderen Gefäßen zu kultivieren, beendet augenblicklich jede Langeweile im Garten und verpasst unserem grünen Reich seine ganz persönliche Note.

Gefäße aus Porzellan und Keramik

Wie bereits angedeutet, machen nun also Gebrauchsgegenstände aus Keramik und Porzellan den Anfang und werden – ein wenig zweckentfremdet – zu einer Behausung für dekorative Pflanzen. Doch nun müssen Vasen oder auch Kannen und Krüge, damit sie fortan im Freien stehen können, zunächst ein Abzugsloch erhalten, damit Pflanzen auch dauerhaft in ihnen gedeihen können.

Ich liebe den Umgang mit einer Bohrmaschine nicht gerade, aber in diesem Fall kam ich um deren Nutzung nicht herum.

Um mit einer Bohrmaschine Löcher in Keramik bohren zu können, ohne dass gleich ein Haufen Scherben zurückbleibt, ist ein Steinbohrer erforderlich! Ich habe das selber getestet! Ein wenig Druck muss schon auf den Gegenstand gegeben werden, damit man mit dem Bohrer durch das feste Material hindurchkommt.

Das Ergebnis kann sich meist sehen lassen. Eine hochwertige Keramik hält der Belastung und dem Druck normalerweise stand. Nun kann überschüssiges Wasser problemlos aus der Vase abfließen.

Damit nicht zu viel Erde aus dem Abzugsloch herausgespült wird, empfehle ich dennoch als unterste Schicht einige Kieselsteine vermengt mit ein wenig Sand in die Vase zu füllen und erst

Mit einem Steinbohrer wird ein Abzugsloch in den Vasenboden gebohrt.

Überschüssiges Wasser kann nun aus der Vase abfließen.

Lobelien fühlen sich in ihrer Vase einen ganzen Sommer lang wohl.

darüber gute, gehaltvolle Pflanzerde zu geben. Welche Erd-Mischung für Pflanzen in Gefäßen ideal ist, wird auf Seite 24 verraten.

Ein üppig blühendes Männertreu oder ein zierliches Hornveilchen sind genau die richtigen Partner für meine farblich so dominante Vase und unterstreichen ihre intensive Leuchtkraft.

Nach diesem Erfolgserlebnis und damit verbunden der großen Freude, meine so heiß geliebte Vase auch in Zukunft bewundern zu können, kam unmittelbar der Wunsch auf, weitere Objekte aus Keramik oder Porzellan zu kleinen Pflanzkübeln umzufunktionieren.

Ich machte mich zunächst im Haus auf die Suche nach geeigneten Gefäßen. Als ideal erschienen mit hierfür Vasen, Kannen oder Schüsseln mit kleinen Fehlern oder Macken ... Da ich seit jeher eine leidenschaftliche Sammlerin von allerhand Porzellan- und Keramik-„Schönheiten" bin, wurde ich vielfach fündig und setzte schon bald einige ausgewählte Pflanzen in die neu erkorenen Pflanzgefäße.

Die schöne alte Kakaokanne, von der ich keinen Deckel mehr besaß, war mir allerdings immer noch zu schade, um sie mit einem Abzugsloch zu zerstören. Ich füllte sie daher etwa zur Hälfte mit feinem Kies und anschließend mit einem guten Kübelpflanzensubstrat auf (Rezept auf S. 24).

Nach ergiebigen Regenfällen lässt sich das überschüssige Wasser recht einfach ausgießen. Alternativ könnte man sie natürlich bei Regenwetter unter ein Vordach stellen, mit Folie abdecken oder ins Haus holen.

Die blassrosa blühende Verbene krönt die uralte Kanne mit einer Selbstverständlichkeit, dass mir das beinahe schon unheimlich wurde. Dieses neue Hobby machte doch nicht etwa süchtig?

In jedem Haushalt sind immer unterschiedliche „Schätze" vorhanden. Als kleine Anregung für weitere Pflanzgefäße aus dem Bereich „Küche und Haushalt" soll nun folgende Tabelle dienen.

Weitere Ideen für Pflanzgefäße aus „Küche und Haushalt"

» Alter Nachttopf
» Kochtöpfe
» Gefäße aus Zinn
» Gefäße aus Email
» Weinkühler
» Bowle-Gefäße
» Alte Milchkanne
» Alter Grill
» Alter Herd
» Steingut-Gefäße
» Alte Waschmaschinen-Trommel

Die Pflanzen

Natürlich bleibt es jedem selbst überlassen, welche Pflanzen er oder sie in Gefäßen kultivieren möchte. Verboten ist hier mit Sicherheit zunächst einmal nichts. Dennoch sind einige Pflanzen besonders dafür geeignet, in Gefäßen zu gedeihen, sei es durch ihre kompakte buschige Wuchsform, ihr dekoratives Blattwerk oder ihre Robustheit und Trockenheitsresistenz. Manche Pflanzen erscheinen uns für diesen Zweck geeigneter als andere.

Wie man sich vielleicht denken kann, kommen nicht alle Pflanzen mit dem begrenzten Wurzelraum, den ein Pflanzgefäß bietet, zurecht. Schon aufgrund ihrer Größe würde manche Pflanze in einem beengten Pflanzgefäß recht deplatziert wirken.

Tiefwurzler, wie es etwa Stockrosen, Königskerzen oder Rosen sind, würden in einem Kübel mit Sicherheit nicht dauerhaft gut gedeihen und nach einiger Zeit einen nur noch kümmerlichen Wuchs zeigen. Natürlich gibt es auch hier Ausnahmen. Der genügsame Wiesensalbei oder klein bleibende Topf-Rosen zeigen sich jedoch auch im Kübel von ihrer besten Seite!

Nachfolgend sind Pflanzen aufgelistet, die für die Kultur in kleinen, mittelgroßen oder größeren Gefäßen ganz besonders empfohlen werden können.

Pflanzen für kleine Gefäße

Vom Schneckenhaus bis zur Kaffeetasse ...

Ausdauerndes Bohnenkraut (Satureja montana)
Braunstieliger Streifenfarn (Asplenium trichomanes)
Chinesische Narrenkappe (Orostachys iwarenge)
Echeverie (Echeveria ssp.) – Dickblattgewächse!
Gänseblümchen (Bellis perennis)
Gelber Lerchensporn (Corydalis lutea) – schattiger Standort!
Hauswurz (Sempervivum)
Hornveilchen (Viola cornuta)
Kaukasus-Fetthenne (Sedum spurium)
Kresse (Lepidium sativum)
Männertreu (Lobelia erinus)
Mauerpfeffer (Sedum acre)
Mauerraute (Asplenium ruta-muraria)
Mauer-Steinkraut (Alyssum murale)
Mittagsblume (Dorotheanthus bellidiformis)
Portulak (Portulaca oleracea)
Polsterphlox (Phlox douglasii)
Primel, Schlüsselblume (Primula ssp.)
Rucola, Rauke (Eruca sativa)
Sandnelke (Dianthus arenarius)
Sauerklee (Oxalis acetosella)
Siebold Fetthenne, Theresienkraut (Sedum sieboldii)
Spatelblättriges Garten-Fettkraut (Sedum spathulifolium)
Stein-Fingerkraut (Potentilla rupestris)
Sternmoos (Sagina subulata)
Thymian (Thymus ssp.)
Tripmadam, Felsen-Fetthenne (Sedum rupestre)
Zwerg-Fingerkraut (Potentilla neumanniana)

Primel-Mix

Hornveilchen

Sauerklee

Mauerpfeffer

Mauerraute

Pflanzenporträt „Hornveilchen"

Wer liebt sie nicht, die so keck „dreinschauenden" Blüten der Hornveilchen? Die kleineren Geschwister der Stiefmütterchen (*Viola wittrockiana*) bilden in der Familie der Veilchengewächse eine ganz eigene Gruppe mit weltweit etwa 500 Arten.

Die ausdauernden, krautigen Pflanzen blühen unermüdlich von März bis August in vielen bezaubernden Farben, wobei gerade die romantischen Farbnuancen hier vertreten sind: Die samtigen Blüten mit einem Durchmesser von zwei bis drei Zentimetern in Lila, Weiß, Rosé, Blau und Gelb schaffen es auf eine unaufdringliche Art, unser Herz sogleich im munteren „Blütensturm" zu erobern.

Durch Kreuzungen entstehen immer wieder neue, überraschende Farben, wobei die Blüten nicht selten auch mehrfarbig sind.

Schauen wir uns das Laub der Hornveilchen aus der Nähe an, so erkennen wir eiförmige, spitze und gekerbte Blätter mit einer Länge von etwa zwei bis drei, seltener bis zu fünf Zentimetern. Auf ihrer Unterseite zeigen sie eine zarte Behaarung. Kommt man den Pflanzen noch etwas näher, nimmt man den zarten Duft wahr, der den Blüten entströmt.

Die unzähligen Mitglieder von *Viola cornuta*, wie die immer auch etwas vornehm wirkende Gattung sich mit lateinischem Namen nennt, sind wie geschaffen für ein Dasein in Pflanzgefäßen.

Fast glaubt man, dass sich die hübschen Veilchen sogar aus freien Stücken für ein Leben „in Gefangenschaft" entschlossen hätten, so sehr kommen die ansonsten eher zurückhaltenden Gewächse aus sich raus, wenn man sie in eine hübsche Schale oder einen kleinen Bottich setzt. In einem schmucken Pflanzgefäß stellt man ihnen gerne auch andere, wenig dominante Partner zur Seite, wie etwa Vergissmeinnicht oder einige farblich passende Primeln.

Hornveilchen (Viola cornuta)

Oder man überlässt ihnen das Gefäß ganz für sich alleine. Dort erobern sie dann äußerst charmant das Terrain und scheinen unermüdlich nur ein Ziel zu verfolgen: unaufhörlich immer wieder neue Blüten zu bilden!

Zieht dann der Hochsommer ins Land, werden die Pflanzen leider etwas „sparrig", was bedeutet, dass sie ihren kompakten Wuchs aufgeben und zu einer Höhe von bis zu 30 Zentimetern auswachsen. Die meisten von ihnen landen nun im Müll oder auf dem Komposthaufen. Man könnte sie jedoch auch an unauffälligen Orten im Garten auspflanzen, damit sie sich dort in aller Ruhe vermehren können. Im nächsten Jahr sorgen viele kleine Jung-Veilchen dann für neue farbliche Überraschungen. Dann sollte man sie rechtzeitig, etwa ab März, an ihren späteren sonnigen bis halbschattigen Standort oder in einen passenden Kübel setzen, sie gut düngen und pflegen, sodass ein neues langes Hornveilchen-Blütenjahr beginnen kann.

Pflanzen für mittelgroße Gefäße

Von der Kaffeekanne bis zur Perücken-Ampel …

Alpenveilchen (Cyclamen persicum)
Ballonblume (Platycodon grandiflorus)
Basilikum (Ocimum ssp.)
Berg-Lauch (Allium montanum)
Büschel-Nelke (Dianthus armeria)
Chinenser-Nelke (Dianthus chinensis)
Dalmatiner Polster-Glockenblume (Campanula portenschlagiana)
Fleißiges Lieschen (Impatiens ssp.) – hoher Wasserbedarf!
Frühlingsadonisröschen (Adonis vernalis)
Fuchsie (Fuchsia ssp.)
Gänsekresse (Arabis ssp.)
Geranie (Pelargonium ssp.)
Gipskraut (Gypsophila repens)
Heide-Nelke (Dianthus deltoides)
Hornkraut (Cerastium ssp.)
Husarenknöpfchen (Sanvitalia procumbens)
Italienisches Leinkraut (Linaria purpurea)
Kapkörbchen (Osteospermum barberiae)
Karpaten-Glockenblume (Campanula carpatica)
Kissenaster (Aster dumosus)
Kriechender Günsel (Ajuga reptans)
Küchenschelle (Pulsatilla vulgaris)
Leimkraut (Silene maritima)
Löwenmäulchen (Antirrhinum majus)
Moos-Steinbrech (Saxifraga arendsii)
Nemesie, Elfenspiegel (Nemesia ssp.)
Petunie (Petunia atkinsiana)
Pfingst-Nelke (Dianthus gratianopolitans)
Polster-Glockenblume (Campanula poscharskyana)
Schnittlauch (Allium schoenoprasum)
Spaltglocke (Scaevola aemula)
Stiefmütterchen (Viola wittrockiana)
Strohblume (Helichrysum ssp.)
Tagetes (Tagetes ssp.)
Traubenhyazinthe (Muscari ssp.)
Tüpfel-Johanniskraut (Hypericum perfoliatum)
Verbenen, Eisenkraut (Verbena ssp.)
Zwerg-Glockenblume (Campanula cochleariifolia)
Zweizahn (Bidens ssp.)

Ebenso geeignet sind natürlich alle auf Seite 16 aufgelisteten Pflanzen für kleine Gefäße.

Pflanzenporträt: „Kapkörbchen"

Die aus der Familie der Korbblütler stammenden Kapkörbchen mit ihren strahlenförmigen Blüten in Lila, Rosa, Gelb oder Weiß sind beliebte und überaus blühwillige Garten- und Kübelpflanzen.

In sehr milden Gegenden (zentrales und südliches England) überwintern die ansonsten meist krautigen, einjährigen Pflanzen sogar gelegentlich und zaubern dort auch im Winter ein wenig Farbe ins Blumenbeet. Im übrigen Mitteleuropa kann man sich immerhin noch bis in den Spätherbst über die leuchtenden Blüten der strauchartig wachsenden Pflanzen freuen.

Kapkörbchen sind auch unter den Namen „Bornholm-Margerite", „Kap-Margerite" oder „Paternosterstrauch" bekannt. Es gibt rund 70 verschiedene Arten, wovon die meisten aus Südafrika stammen.

Die Blüten erscheinen entweder einzeln oder in lockeren, doldigen Blütenständen. Die meist gefiederten Laubblätter sind wechselständig oder gegenständig angeordnet. Ihre Ränder sind glatt oder auch gelappt.

Im Kübel sind Kapkörbchen sehr genügsam. Zwar sind sie recht durstig, doch sie nehmen einen Tag ohne Wasser auch nicht gleich übel.

Meist legen die Pflanzen während des Monats Juni eine kleine Blühpause ein. Hier sollte man einfach ein wenig Geduld aufbringen, dann wird man recht bald mit einem erneuten Blühspektakel der dekorativen Pflanzen belohnt. Eine regelmäßige Gabe eines guten Blumendüngers ist jedoch nötig, damit das Kapkörbchen uns den ganzen Sommer über mit seinem gesundem Wuchs und den ebenmäßig geformten Blüten erfreut.

Im Pflanzgefäß benötigen die Pflanzen schon ein wenig Raum, um sich optimal entfalten zu können. Dabei sind Kapkörbchen durchaus gesellige Geschöpfe, die sich mit vielen anderen Pflanzen vertragen.

Kapkörbchen (Osteospermum barberiae)

Damit die im Durchschnitt rund 25 bis 30 Zentimeter hohen Pflanzen jedoch nicht überwuchert werden, sollte man ihnen keine allzu dominanten Nachbarn zur Seite stellen. Mit Lobelien, Sedum oder Löwenmäulchen harmonieren sie allerdings aufs Allerschönste.

Eine Laune der Natur oder vielleicht doch nur eine züchterische Eigenart sind die sogenannten „whirls", welche einige Arten des Kapkörbchens zur Schau stellen. Dabei handelt es sich um Blüten, bei denen die einzelnen Blütenblätter längs wie zusammengeschnürt wirken und sich nur an ihrer Spitze löffelartig öffnen. Das sieht ebenfalls sehr hübsch und beinahe etwas bizarr aus.

Mit lateinischem Namen nennt sich das Kapkörbchen *Osteospermum barberiae*.

Pflanzen für größere Gefäße

Von der Milchkanne bis zum Traktorreifen ...

Alpenaster (Aster alpinus)
Bergenie (Bergenia ssp.)
Blaue Weinraute (Ruta graveolens)
Blut-Storchschnabel (Geranium sanguineum)
Currykraut, Italienische Strohblume (Helichrysum italicum)
Dahlie (Dahlia ssp.)
Dipladenie (Dipladenia ssp.)
Diptam (Dictamnus albus)
Efeu (Hedera helix)
Flügelginster (Genista sagittalis) – Kleinstrauch!
Goldlack (Erysimum cheiri)
Gräser (Briza media, Carex ornithopoda u. a.)
Hirschzungenfarn (Asplenium scolopendrium)
Hortensie (Hydrangea macrophylla)
Hosta, Funkie (Hosta ssp.)
Immergrüne Schleifenblume (Iberis sempervirens)
Kapuzinerkresse (Tropaeolum ssp.)
Kartoffel (Solanum tuberosum)
Katzenminze (Nepeta cataria)
Kletterhortensie (Hydrangea anomala) – klettert an einer Wand; feucht halten!
Kriechrose (Rosa x polliniana) – Kleinstrauch!
Kürbis (Cucurbita pepo)
Lavendel (Lavandula angustifolia)
Lilie (Lilium ssp.)
Lorbeer, Echter (Laurus nobilis) – in manchen Gegenden nicht winterfester Strauch!
Mannsblut (Hypericum androsaemum) – Kleinstrauch für den Schatten!
Margerite (Leucanthemum ssp.)
Paprika und Chili (Capsicum ssp.)
Pfefferminze (Mentha ssp.)
Purpur-Fetthenne (Sedum telephium)
Rosmarin (Rosmarinus officinalis)
Ringelblume (Calendula officinalis)
Salbei (Salvia officinalis)
Schafgarbe (Achillea ssp.)
Steppen-Wolfsmilch (Euphorbia seguieriana)
Tomaten (Lycopersicon esculentum)
Veronica, Ehrenpreis (Veronica ssp.)
Wiesensalbei (Salvia pratensis) – vollsonniger Standort!

Ebenso geeignet sind natürlich alle auf den Seiten 16 und 18 aufgelisteten Pflanzen für kleine und mittlere Gefäße.

Pflanzenporträt: „Wiesensalbei"

Beim bis zu 60 Zentimeter hoch werdenden Wiesensalbei handelt es sich um eine wild vorkommende Salbeiart, die inzwischen mit vielen verschiedenen Sorten ihren Weg auch in die Blumenfachgeschäfte gefunden hat.

Wiesensalbei ist eine äußerst dekorative Gartenpflanze. Möchte man sie in einen Kübel setzen, benötigt sie aufgrund ihrer Pfahlwurzel schon ein relativ großes Gefäß, um darin ihre volle Lebenserwartung von mehreren Jahren erreichen zu können.

An seinen Standort stellt der Wiesensalbei, dessen lateinischer Name *Salvia pratensis* lautet, wenig Ansprüche und gibt sich mit einem normalen Gartenboden zufrieden.

Im Kübel sollte man die wöchentliche Düngegabe während der Wachstumsphase jedoch nicht vergessen! Weiterhin muss auf eine gute Drainage sowie einen guten Abzug geachtet werden. Staunässe würde den raschen Tod der Pflanze zur Folge haben!

Als ausgesprochene Lichtpflanze benötigt Wiesensalbei einen vollsonnigen Standort. Sind alle diese Voraussetzungen erfüllt, gedeiht der Salbei recht unkompliziert und blüht vor allem reichlich.

Die grundständigen Blätter des Wiesensalbeis haben eine runzlige Oberfläche und entspringen vierkantigen aufrechten Stängeln.

Seine kräftig lila oder blau gefärbten Lippenblüten erscheinen von Ende Mai bis August. Sie bilden dabei kerzenartige Blütenrispen, die jede für sich schmal und dezent, doch in der Masse recht auffällig sind.

Durch seine grasartig aufstrebenden Blütenstände bildet Wiesensalbei einen spannenden Kontrast zu Pflanzen anderer Wuchsformen.

Wiesensalbei (Salvia pratensis)

Man kombiniert ihn daher gerne mit niedrigen Polsterstauden, wie etwa Gänsekresse, Hornkraut oder Polster-Phlox.

In einem sonnig aufgestellten größeren Pflanzgefäß gefällt Wiesensalbei vor allem in Kombination mit andersfarbigen Blüten. Umso kontrastreicher das Ensemble, desto mehr vermag auch der Salbei zu strahlen.

Die Bestäubung der Blüten erfolgt überwiegend durch Hummeln. Um an den begehrten Blütenstaub zu gelangen, muss die Hummel schon sehr trickreich vorgehen und einen bestimmten „Hebel-" oder „Schlagbaum-Mechanismus" auslösen. Dies tut sie mit Hilfe ihres Rüssels, den sie in der Blüte durch eine Öse schiebt. Gleichzeitig drückt sie dabei eine den Schlund der Blüte versperrende Platte herunter, woraufhin der Blütenstaub vom sogenannten Staubbeutelarm auf den Rücken der Hummel geschlagen wird.

Ähnlich dem gewöhnlichen Garten- oder Küchensalbei (*Salvia officinalis*) kann auch der Wiesensalbei als Gewürz in der Küche verwendet werden, allerdings enthalten seine Blätter weit weniger Wirk- und Aromastoffe als sein Verwandter aus der Küche.

Das Substrat

Dass Substrate für Kübelpflanzen in der Lage sein sollten, die Feuchtigkeit gut zu speichern, erscheint uns mehr als logisch zu sein. Dass in Gefäßen kultivierte Pflanzen jedoch ebenso eine lockere und luftige Umgebung lieben, damit Sauerstoff an die Wurzeln gelangt, ist nicht unbedingt jedem bekannt, aber mindestens ebenso wichtig!

Darüber hinaus gibt ein gutes Kübelpflanzensubstrat den Pflanzen ausreichend Halt, sodass sie nicht umfallen können und versorgt die Pflanzen zugleich mit einer ausreichenden Menge an Nährstoffen.

Ein Substrat auf Lehmbasis könnte schon aufgrund seines höheren Gewichts den im Kübel kultivierten Pflanzen Halt geben. Lehm ist außerdem bekannt dafür, Feuchtigkeit gut zu speichern.

Dennoch darf der Lehmanteil in einem Substrat für Kübelpflanzen niemals so hoch sein, dass bei den Pflanzen dauerhaft „nasse Füße" entstehen könnten oder eine zu starke Verdichtung des Substrates entstünde. Das nämlich würde den schnellen Tod der meisten Kübelpflanzen bedeuten. Ihre Wurzeln würden allzu rasch abfaulen und mit ihnen schon recht bald die ganze Pflanze.

Abzugslöcher im verwendeten Pflanzgefäß sind ebenfalls zwingend erforderlich, um Staunässe zu verhindern. Eine Ausnahme bilden lediglich Gefäße für Sumpf- oder Wassergärten.

Wichtig!

Ebenso bedeutsam wie eine ideale Zusammensetzung des Kübelpflanzensubstrates ist auch eine gute Abzugsmöglichkeit für überschüssiges Wasser! Abzugslöcher nicht vergessen!

Damit alle Bedürfnisse der Kübelpflanzen erfüllt werden, muss das verwendete Pflanzsubstrat mit Bedacht zusammengestellt werden.

Kübelpflanzensubstrat

Eine gute Einheits-Kübelpflanzenerde setzt sich aus folgenden Komponenten zusammen:

Kübelpflanzensubstrat
- ⅓ lehmhaltige Gartenerde
- ⅓ reifer Kompost
- ⅓ Füllstoffe

Ein gutes Kübelpflanzensubstrat setzt sich aus mehreren Komponenten zusammen.

Füllstoffe

Als Füllstoffe können ganz unterschiedliche Substanzen zum Einsatz kommen. Sie sorgen für eine gute Durchlüftung der Pflanzerde.

Füllstoffe
- Rindenmulch
- Sand
- Kokos-Substrat
- Handelsübliche Blumenerde
- Torf
- Blähton
- Perlit

Perlit

Perlit wird im Bergbau gewonnen. Es handelt sich dabei um thermisch umgewandeltes vulkanisches Glas (Obsidian). Die typische perlitische Struktur ist ein poröses, sehr leichtes popcornartiges Granulat in unterschiedlichen Körnungsgrößen. Als Zusatzstoff in Pflanzsubstraten verbessert Perlit die Luftdurchlässigkeit und beugt somit einer zu starken Verdichtung vor. Gleichzeitig ist es ein sehr guter Wasserspeicher.

Kokoserde sorgt für eine gute Durchlüftung!

Darüber hinaus wollen die Pflanzen während der gesamten Wachstumsphase gut mit Nährstoffen versorgt sein, wozu einerseits schon der im Pflanzsubstrat enthaltene Anteil an reifem Kompost bzw. Humus sorgt.

Bei etlichen stark zehrenden Pflanzen reicht dieser Anteil jedoch nicht für eine ganze Saison aus. Einen gekörnten Langzeitdünger gibt man daher entweder schon beim Anmischen des Substrates hinzu oder man düngt einmal wöchentlich während der gesamten Wachstumsphase mit einem Flüssigdünger. Bewährt haben sich hierbei auch mit Wasser verdünnte Pflanzenjauchen (z. B. Brennnesseljauche im Verhältnis von 1 : 10).

Düngen nicht vergessen!

Ein wichtiges Anliegen aller in Kübeln kultivierten Pflanzen ist ihre ausreichende Versorgung mit Nährstoffen! Der begrenzte Raum und damit verbunden die geringere zur Verfügung stehende Substratmenge bedingen einen ständigen Nachschub aller benötigten Nähr- und Aufbaustoffe. Handelsübliche Blumendünger sind hier ebenso geeignet wie auch Kompost oder Kräuterjauchen.

Wer sich wenig Arbeit machen möchte, mischt ein geperltes Langzeit-Düngesubstrat gleich mit in die Kübelpflanzenerde und hat nun je nach Reichweite des Düngers zwischen acht und 16 Wochen „Ruhe". Genauso gut gedeihen Pflanzen, die wöchentlich über das Gießwasser mit einem Flüssigdünger versorgt werden. Gemüsepflanzen düngt man idealerweise mit einem Naturdünger (Oscorna, Hornspäne o. Ä.), welchen man leicht in die Oberfläche des Pflanzsubstrates einarbeitet. Ein wenig reifen Kompost könnte man ebenfalls auf die Oberfläche der Erde im Pflanzgefäß aufstreuen und ein wenig einkratzen.

Sehr einfach, aber effektiv ist auch die Düngung mit einer verdünnten Pflanzenjauche. Hier ist eine wöchentliche Anwendung absolut ausreichend.

Tipp!

An sehr heißen Tagen mit Temperaturen über 30 °C im Schatten sollte man generell auf Düngegaben verzichten!

Rezept für „Brennnesseljauche"

Brennnesselkraut wird nur grob zerkleinert und in ein Kunststoff-, Holz- oder Steingefäß gefüllt (Gefäße aus Metall vermeiden!).

Wasser wird so hoch eingefüllt, bis das Kraut davon bedeckt ist.

Nach etwa 48 Stunden beginnt die Gärung der Grünmasse.

Gegen unangenehme Gerüche hilft ein Deckel oder etwas Steinmehl, welches man täglich auf die Jauche stäubt.

Zum Düngen schüttet man die Jauche durch ein grobes Sieb, um die Pflanzenbestandteile zu entfernen und verdünnt sie nun mit Wasser im Verhältnis 1 : 10.

Ist die Jauche komplett durchgegoren, was an der dunkelbraunen Farbe zu erkennen ist, darf sie nicht mehr zum Düngen verwendet werden!

Brennnesselkraut wird mit Wasser in einer Tonne zu Jauche vergoren.

Fundgrube Flohmarkt

Jeden Sonntag finden rund um meinen Wohnort diverse Flohmärkte statt. Ich ließ es mir daher nicht nehmen, auch dort nach schönen Utensilien zu stöbern, die mir zum Bepflanzen mit den schönsten Grün- und Blühpflanzen als geeignet erschienen oder als Material zum Gestalten von ganz eigenen Gefäß-Kreationen dienlich wären.

Da gerade Porzellan und Keramik zurzeit nicht besonders hoch im Kurs stehen und defekte Teile nochmals im Preis sinken, bekommt man zauberhafte alte Kannen, Vasen oder Schalen dort beinahe umsonst.

Eine schon gesprungene Milchkanne von Villeroy & Boch hatte es mir besonders angetan. Durch feine „Risse“ auf der Unterseite konnte ich mir sogar das Abzugsloch sparen.

Ihr Preis: 50 Cent!

Augen auf beim Stöbern auf dem Flohmarkt!

Diese kleine Einkaufsliste auf der folgenden Seite soll als Leitfaden im verwirrend großen Angebot eines Flohmarktes dienen. Natürlich wird sie niemals vollständig sein, da es für unsere Kreativität, was die Gestaltung von besonderen Pflanzgefäßen angeht, keinen festen Plan geben kann. Es gibt praktisch nichts, was man nicht auch auf einem Flohmarkt finden könnte …

Wonach wir auf einem Flohmarkt Ausschau halten sollten:

- Häkeldeckchen oder -gardinen
- Dekorative Stoffe
- Alte Lampen, Teelichter
- Schuhe, Stiefel
- Handtaschen mit einer stabilen Standfläche
- Alte Kacheln
- Beschädigte Skulpturen, die über einen Hohlraum verfügen
- Hüte, Perücken
- Altes Silberbesteck
- Dekorative Münzen
- Kleine Emailschilder mit Gartenmotiven
- Gefäße mit Glaswänden in Kombination mit Holz, die nicht 100 % wasserdicht sind
- Vorratsdosen in verschiedenen Größen
- Sehr alte Utensilien aus Uromas Küche oder Garten, wie etwa alte Eisentöpfe, Holzschüsseln, Kohleeimer, nostalgische Dosen etc.

Das Kresse-Service

Der Sommer stand mittlerweile vor der Tür und mit ihm die schöne Zeit, draußen im Freien zu feiern und zu speisen.

Eine originelle und dazu gesunde Idee sind grüne Kräuter, die gleich an Ort und Stelle geerntet und verzehrt werden können. Im besten Fall stehen die Kräutertöpfe dazu mitten auf dem Tisch!

Sät man Kresse oder Rucola (Salatrauke) in alte, ausgediente Tassen oder Kannen, könnten die Pflanzgefäße auf einem gedeckten Tisch nicht besser getarnt sein. Kressesamen mag als Substrat jedoch keine flockige Blumenerde, die man allenfalls als eine Zwischenschicht in die Gefäße füllen könnte. Obenauf sollte man einfachen Sand oder ganz feinen Kies geben und erst darauf die Samen streuen.

Nun darf die Saat bis zu ihrer Keimung niemals ganz austrocknen! Hilfreich ist ein Stück Klarsichtfolie, welches man mit einem Gummi über die Tasse spannt, bis die ersten Samenkörnchen anfangen zu keimen.

Rucolasamen (Rauke) sät man besser zuvor in kleine Töpfe und pikiert einzelne Pflänzchen in eine Kanne. Die Pflanzen benötigen schon etwas gehaltvollere Erde sowie mehr Raum für ihre Wurzeln als die Kresse. Sie können daher gleich in guter Pflanzerde kultiviert werden.

Selbstverständlich können die Gefäße auch mit anderen Kräutern bestückt werden, wie etwa Petersilie, Schnittlauch oder Basilikum!

Damit überschüssiges Wasser ablaufen kann, bohrt man mit einem Steinbohrer ein kleines Abzugsloch in den Boden der Gefäße. Möchte man auf diese Abzugslöcher verzichten, dürfen die Gefäße allerdings nicht draußen im Regen stehen. In diesem Fall sollte man auch mit dem Gießen sehr vorsichtig sein und als unterste Schicht eine Drainage in Form von grobem Sand oder feinem Kies in das Gefäß geben.

Kressesamen wird aufgestreut und bis zur Keimung feucht gehalten.

Kleine Rauke-Pflanzen werden in eine ausgediente Kaffeekanne pikiert.

Beim Bepflanzen setzte ich auf Kontraste! Ein knallrotes Gänseblümchen wirkt umso farbiger im cremefarbenen Milchtopf.

Vitaminreich sprießt es schon bald aus Tassen und Kanne.

Hängeampeln

„Hanging Baskets" (= Hängende Körbe) sind eine wunderschöne Idee aus England, Blumen in teils schwindelerregenden Höhen äußerst dekorativ in Szene zu setzen.

Die blühenden Körbe finden in großer Anzahl häufig auf öffentlichen Plätzen Verwendung. Viele Ortschaften in England oder auch in Frankreich schmücken ihre Ortskerne mit den an Laternenpfählen angebrachten, verschwenderisch bepflanzten Blumenampeln.

Als guter Beobachter wird man frühmorgens Fahrzeuge durch den Ort fahren sehen, die eigens zum Bewässern der üppigen Blütenpracht zur Verfügung gestellt werden. Mit langen Schläuchen und Wassertanks ausgerüstet können die durstigen Pflanzen mit ausreichend Wasser und Dünger versorgt werden. An heißen Tagen ist das „Gießkommando" sogar mehrmals täglich im Einsatz. Das Geheimnis dieser perfekt gepflegten Blumenampeln lautet demnach: Regelmäßiges Wässern und Düngen!

Recht kostspielig sind die entsprechenden Körbe, wenn man sie im Fachhandel erwirbt. Hier werden sie meist als Komplettset angeboten. Zum Korb gehört eine entsprechende Aufhängung, die meist aus drei am Korb angebrachten Ketten sowie einem Haken zum Aufhängen besteht. Ist dieser hohe Preis tatsächlich notwendig? Warum kann man Pflanzen nicht in den Siebeinsatz einer Fritteuse pflanzen und diesen dann mit Hilfe einer Kordel in einen Baum hängen? Oder man bepflanzt einen Schlapphut aus Stroh? Oder gar eine Perücke?

Siebeinsätze aus Fritteusen oder alte mit Griffen versehene Küchensiebe aus Aluminium sind einfach ideal, um sie zu „Hanging Baskets"

Üppig blühende „Hanging Baskets" in Chippenham/England

Mit Aufhängern aus Kunststoff können Blumentöpfe zur Ampel umfunktioniert werden.

Ob Korb oder Siebeinsatz …

… mit Moos ausgepolstert wird daraus ein „Hanging Basket“.

Die selbst gestaltete Hängeampel wurde mit einer blassrosafarbenen Petunie bepflanzt.

Vor dem Bepflanzen wird der Schlapphut zunächst mit Folie ausgelegt.

umzufunktionieren! Das alte Küchensieb kann direkt bepflanzt werden, Drahtkörbe dagegen werden zuvor mit Moospolstern oder einer Kokosmatte ausgelegt, bevor das Pflanzsubstrat eingefüllt werden kann. Hüte oder Perücken könnte man zusätzlich mit einer Folie auslegen, um die Haltbarkeit zu verbessern.

Eine einzige Pflanze (bspw. eine Petunie) reicht pro Ampel aus. Als Pflanzerde wird ein gehaltvolles Kübelpflanzensubstrat verwendet (siehe hierzu S. 24). Mit einer einfachen Kordel wird die bezaubernde Ampel nach Belieben an einem Ast, unter einem Vordach oder an einem Mast aufgehängt. Ich hatte noch ein wenig Platz an höher gelegenen Orten zur Verfügung, deshalb gestaltete ich weitere Ampeln. Ein blau lackiertes Küchensieb aus Aluminium, ein schicker Bast-Hut sowie eine witzige Kar-

Himmelblaue Hängelobelien bilden einen schönen Kontrast zur Farbe des Basthutes.

Bepflanzte Perücken können als Blumenampel in Bäume gehängt werden.

nevalsperücke dienten mir hierbei als Pflanzgefäße. Als Aufhängung besorgte ich mir ein zwei Meter langes Stück einer dünnen schwarzen Eisenkette, das ich bei einem Händler auf dem Flohmarkt sehr günstig erwerben konnte und dazu passend einige Metallhaken aus dem Baumarkt. Auch die Kette gibt es natürlich als Meterware in jedem gut sortierten Baumarkt!

Bepflanzt werden die Ampeln entweder mit Petunien oder Geranien als gängigste Ampelpflanzen oder man wählt Pflanzen, die besonders gerne in die Tiefe wachsen. Siehe hierzu auch die Pflanzenliste „Überhängende Pflanzen" auf Seite 50.

Bezaubernde Verbenen

Kleines Badezimmerregal aus Draht

Man kauft sie für wenig Geld und sie hängen fortan in der Duschkabine, um hier Shampoos, Seifen und Schwämme zu beherbergen. Gemeint sind einfache Drahtregale zum Aufhängen für das Bad. Leider werden viele dieser kleinen Regale schon nach kürzester Zeit recht unansehnlich.

Anstatt das Regal dann zu entsorgen, könnten wir aus ihm doch mit wenig Aufwand ein schickes kleines „Blumen-Bord" anfertigen.

Mit Moospolstern weich ausgekleidet, etwas Kübelpflanzensubstrat und einigen Hornveilchen sieht das recht hübsch aus. Mit einer Aufhängung schon „inklusive" ziert das blühende Regal nun ansprechend jede noch so triste Hauswand.

Damit keine Erde herausfallen kann, wird das Regal mit Moospolstern „abgedichtet".

Hornveilchen

Alte Handtaschen bepflanzen

Bei uns heißen altmodische Handtaschen auch „Oma-Taschen", weil wir diese Taschenart für gewöhnlich nur noch bei älteren Damen im Einsatz sehen.

Den steingrauen Klassiker einer „Oma-Tasche" entdeckte ich unlängst auf einem Flohmarkt. Und ich musste tatsächlich ein wenig um das gute Stück „feilschen", was vermutlich daran lag, dass es sich bei dem Betreiber des Flohmarktstandes um einen älteren Herrn handelte, welcher absolut nicht die Meinung mit mir teilte, dass es sich bei der Tasche doch um ein völlig aus der Mode gekommenes Stück handelte, welches seine besten Tage bereits vor langer Zeit hinter sich gelassen hatte.

Der gute Herr war stattdessen der Meinung, dass diese Tasche sehr solide verarbeitet, dabei noch richtig gut erhalten wäre und man sie daher noch sehr gut gebrauchen könnte.

Nun galt es für mich, mir einerseits nicht anmerken zu lassen, dass ich im Geiste schon Blumen aus der Tasche wachsen ließ und den „Händler" andererseits davon zu überzeugen, dass ich ihm diese Tasche doch eigentlich nur aus Mitgefühl abkaufen und er das alte Ding doch sowieso an dem Tag nicht mehr loswerden würde.

Der Händler seinerseits gab mir jedoch unmissverständlich zu verstehen, dass er dies komplett anders sah. Er wies auf das stabile und unverwüstliche Material der Tasche hin und auf die praktischen Henkel zum Tragen. Irgendwo musste ich ihm da auch recht geben. Solide und vor allem sehr standsicher war die Tasche ja wirklich.

Nach einem recht zähen und langwierigen Verhandlungsgespräch einigten wir uns schließlich auf einen, wie ich denke, für beide Seiten annehmbaren Preis und ich trug die Tasche erleichtert fort. Sie war aber auch wirklich der Klassiker einer „Oma-Tasche" …

Wesentlich einfacher verlief der Kauf einer kleinen knallroten Henkeltasche, die rundum mit zahlreichen glitzernden Pailletten verziert war. Mit dem genannten Preis von 50 Cent war ich natürlich augenblicklich einverstanden und ich hätte vermutlich auch noch etwas tiefer in die Tasche gelangt, um dieses leuchtend rote Täschchen zu erwerben, das ich ebenfalls im Geiste schon mit üppig aus seiner Öffnung quellenden Polsterstauden bestückt hatte.

Aber so ist das nun einmal auf Flohmärkten, man weiß vorher nie, welches Angebot einen dort erwartet und wie tief man für ein Wunschobjekt in die Tasche greifen muss.

Gerade auch deswegen liebe ich es, auf Flohmärkten einzukaufen!

Nun galt es nur noch, geeignete Pflanzen zu finden, welche die beiden Taschen in Zukunft schmücken würden. Die Auswahl war nun, Ende Mai, groß genug und die Verkaufsregale von Blumenhändlern schienen fast überzuquellen.

Auch Handtaschen können zu einer interessanten Behausung für Pflanzen werden.

Ich entschied mich schließlich für gelb blühenden Zweizahn (*Bidens*) für die steingraue „Oma-Tasche" sowie für ein üppiges weiß blühendes Hornkraut (*Cerastium*) für das glitzernde „Disko-Täschchen".

Natürlich hätten auch viele andere Pflanzen hübsch darin ausgesehen. Siehe hierzu auch die Pflanzenlisten auf den Seiten 16, 18 und 20 mit geeigneten Pflanzen für kleine, mittlere und größere Gefäße.

Tipp!

Das Hineinstechen von Abzugslöchern in den Boden der Tasche kann man sich meist sparen, da Handtaschen niemals zu 100 % wasserdicht sind!

Der gelb blühende Zweizahn (Bidens) ist eine dankbare Gartenstaude.

„Gemüse aus der Dose"

„Alte nostalgische Dosen sind doch viel zu schade zum Wegwerfen!" Das dachte ich in dem Moment, als ich den riesigen Berg Sperrmüll erblickte, den unsere Nachbarn vor ihrem Haus auf der Straße aufgebaut hatten.

Ins Auge fielen mir vor allem die alten und schon ein wenig zerbeulten rechteckigen Blechdosen mit Deckel, in der die Familie anscheinend früher einmal ihren Kaffee aufbewahrt hatte.

Das ungläubige Kopfschütteln einiger Nachbarn ignorierend stapelte ich die Dosen also glücklich in den Kofferraum meines Autos und nahm auch gleich noch eine alte Fritteuse inklusive Siebeinsatz mit (siehe hierzu auch das Kapitel „Hängeampeln" ab S. 30).

Da mein neuer Garten in diesem ersten Jahr der Nutzung noch überwiegend aus Rasen, hohen Bäumen und Sträuchern bestand, würden mir die Dosen das erste selbst angebaute Gemüse liefern, so mein augenblicklich gefasster Entschluss.

Ich entfernte also die Deckel, bohrte in den Boden mit einem Holzbohrer Löcher hinein und füllte die geräumigen Dosen randvoll mit selbst gemischtem Kübelpflanzensubstrat (Rezept siehe S. 24).

Zum Aufstellen der Dosen wählte ich einen Platz vor einem Tonziegelstapel. Hier konnte das Gemüse geschützt vor zu viel Wind und Regen sowie gewärmt durch die wärmespeichernden Ziegel gut gedeihen und musste fortan nur noch regelmäßig gedüngt und gewässert werden.

Da nicht jedes Gemüse kübeltauglich ist, habe ich im Folgenden eine kleine Liste mit geeigneten Nutzpflanzen für die Kultur in Gefäßen zusammengestellt.

Gemüse und Kräuter für die Gefäß-Kultur

Kräuter (Schnittlauch, Basilikum, Petersilie, Minze, Dill, Majoran, Salbei, Bohnenkraut, Estragon)
Salat (Kopfsalat, Pflücksalat, Eissalat, Rauke, Kresse)
Ringelblumen
Rote Beete
Tomaten
Paprika, Chili
Kartoffeln
Kohlrabi
Mangold
Tellerkraut, Portulak, Postelein (Sommer- und Winterportulak)
Gurken
Zwiebel
Knoblauch
Erdbeeren
Radieschen
Rettich

Pflanzenporträt: „Minzen"

Walahfrid Strabo (808–849), der botanisch so bewanderte ehemalige Abt des Klosters Reichenau formulierte einst in einem Gedicht: „Wer alle Kräfte, Arten und Namen der Minzen vollständig aufzählen kann, ebenso gut auch sagen könnte, wie viele Fische im Roten Meer schwimmen (...)."

Es gibt von den zur Familie der Lippenblütler gehörenden Minzen (*Mentha* ssp.) in der Tat eine schier unendlich große Anzahl an verschiedenen Arten. Das liegt vermutlich auch daran, dass Minzen sich sehr gerne untereinander kreuzen. Die Kulturform des bekanntesten Familienmitglieds, der Pfefferminze, ist in Wahrheit ein Bastard aus der an heimischen Bächen und Wassergräben lebenden Wasserminze und der Ährigen Minze. Gerade die Pfefferminze ist vor allem als Heilpflanze weltbekannt. Hierbei ist es speziell ihr Anteil an Menthol, welcher äußerlich angewendet auf die Nerven wirkt und zunächst ein Kältegefühl, gefolgt von einem Brennen auf der Haut, auslöst.

Innerlich eingenommen wirkt Pfefferminztee krampflösend und wird daher häufig bei Magen- und Darmbeschwerden empfohlen.

Mit zarten Minzeblättchen lassen sich auch Süßspeisen oder Salate aromatisieren.

Neben ihrer großen Nützlichkeit als Arznei- und Küchenkraut sind Minzen auch als Gartenschönheit gefragt. Die krautigen, ausdauernden Pflanzen begeistern durch kräftig grün gefärbte, gezähnte Blätter an aufrechten Stängeln, denen ein aromatischer Duft entströmt.

Während der Blüte im Hochsommer zieren die Pflanzen zahlreiche Blütenähren mit blass rosafarbenen Blüten, deren Bestäubung meist Fliegen übernehmen.

Aufgrund ihrer Eigenschaft, sich relativ rasch durch unterirdische Ausläufer flächig auszubreiten, ist eine Kultur im Kübel für Minzen die ideale Alternative!

Blühende Minze im Garten

In einem größeren Pflanzgefäß bändigt man ihren enormen Ausbreitungsdrang, die Pflanzen kommen mit dem beengten Raum dennoch gut zurecht.

Trockenheit mögen Minzen allerdings nicht! Ein Platz im Halbschatten und tägliche Wassergaben an heißen Tagen kommen den Pflanzen daher sehr entgegen.

Nicht alle Minzen müssen zwangsläufig den typischen „Pfefferminzduft“ aufweisen. Minzen mit vielen interessanten Duftnoten sind im gut sortierten Fachhandel erhältlich: Man erkennt sie gleich an ihren wohlklingenden Namen: Apfelminze, Ingwerminze oder Ananasminze duften einfach köstlich und können auch in der Küche geschmackvoll zum Einsatz kommen.

Gemüse in der Dose benötigt eine gute gehaltvolle Kübelpflanzenerde.

Minze, Schnittlauch, Salate und Rote Bete ergeben eine gesunde Mischkultur.

Gemüse und Kräuter gedeihen prächtig in alten ausgedienten Dosen.

Zitruspflanzen aus Kernen selber ziehen

Wer das Gartenland Großbritannien mag, der liebt mit Sicherheit auch den herb-bitteren Geschmack von Orangenmarmelade! Der köstliche und bei den Briten so beliebte Brotaufstrich wird stilecht in bunten Dosen auch hierzulande angeboten. Wurde der Inhalt der Dosen aufgebraucht, sind diese kleinen Schmuckstücke, die meist im traditionellen Kolonialstil gestaltet sind, zum Wegwerfen doch viel zu schade.

Wir schmücken eine Fensterbank oder im Sommer auch eine Mauerkrone mit den schicken Dosen und ziehen in ihnen kleine Gemüsepflänzchen oder – besonders passend – einen kleinen „Zitrus-Garten“ heran.

Jungpflanzen lassen sich besonders dekorativ in kleinen Dosen kultivieren.

So funktioniert die eigene Aufzucht von Zitruspflanzen aus Kernen

Wir verwenden **frische Kerne** von Zitronen, Mandarinen, Grapefruits oder Orangen! Die Kerne dürfen auf keinen Fall bereits getrocknet sein! Die aus der Frucht entnommenen frischen Kerne werden unter fließendem Wasser gut abgespült und von Fruchtresten befreit.

Mit einem Dosenöffner werden in die gründlich gesäuberten Marmeladedosen einige Abzugslöcher gestochen, anschließend wird ein gutes Kübelpflanzensubstrat eingefüllt, die Kerne dann etwa einen Zentimeter tief in die Erde gesteckt.

Die Deckel der Dosen können als Untersetzer verwendet werden!

Das Substrat muss nun bis zur Keimung, die in ein bis zwei Wochen erfolgen sollte, gut feucht gehalten werden. Eine über die Dosen gespannte Klarsichtfolie verhindert ein Austrocknen des Substrats!

Spätestens nach dem Sichtbarwerden der Keimlinge entfernt man die Folie und stellt die Dosen an einen hellen und warmen Platz. Der ideale Standort ist eine gut besonnte Fensterbank.

Sind die Zitrus-Zöglinge irgendwann zu groß für ihre Dose geworden, siedelt man sie in ein größeres Gefäß um.

Im Sommer bevorzugen Zitruspflanzen den Aufenthalt im Freien. Während der Wintermonate stellt man sie an einen hellen und kühlen, jedoch frostfreien Ort.

Fundstücke aus Haus und Garten

Lochziegel mit Kresse einsäen …

Den großen Lochziegel aus Ton fand ich im Garten meines neuen Wohnhauses. Zunächst wusste ich nicht so recht, was ich mit ihm anfangen sollte. Irgendwie schreckte ich jedoch davor zurück, ihn zu entsorgen. Der schöne Farbton des gebrannten Tons gefiel mir sehr und mit seinen gleichmäßig eingearbeiteten Hohlräumen ließ sich doch mit Sicherheit auch noch etwas anfangen …

Sollte ich ihn als Sockel für eine schicke Pflanzschale verwenden oder – noch besser – direkt in ihn hinein pflanzen oder säen?

Ich entschied mich für die zweite Lösung und baute bald darauf würzige Kresse in seinen Öffnungen an.

Um die schmalen Röhren des Ziegels mit Pflanzsubstrat zu füllen, musste die verwendete Erdmischung einerseits viel Sand enthalten, aber auch trocken und recht formstabil sein (vergleiche hierzu auch auf S. 24). Ich stellte also eine entsprechende sandige Mischung her und füllte damit alle vorhandenen Hohlräume auf. Mit Wasser schlemmte ich die Erde gut ein und füllte die Zwischenräume dann nochmals bis zum Rand mit sandigem Substrat auf. Als Abschluss streute ich eine dünne Schicht trockenen Sand auf den Ziegel, da Kresse ja bekanntlich nicht so gerne auf einem flockigen Erdsubstrat wächst. Das würde die spätere Ernte der Kresse doch erheblich erschweren.

Da es sich bei Kresse um einen Lichtkeimer handelt, muss die Saat unbedeckt bleiben! Die Gefahr der Austrocknung schwebte demnach unentwegt über meinem Ziegel. Daher spannte ich eine Klarsichtfolie über die gut befeuchtete Saat, bis die Keimung einsetzte. Eine leichte Beschattung des Ziegels hat der Austrocknung während der Keimphase ebenfalls entgegengewirkt.

Wichtig!

Der Kressesamen darf während der Keimphase niemals austrocknen!

Schon nach wenigen Tagen setzte die Keimung des Kressesamens ein. Nach etwa einer Woche war das frische Grün erstmals erntereif. Ohne viel Aufwand und Kosten ist hier neben einer gesunden Zutat für Salate oder Butterbrote auch ein interessanter Blickfang im Garten entstanden. Der Lochziegel ist inzwischen ein bleibender Bestandteil eines Beetes rund um einen neu gepflanzten Apfelbaum geworden, den ich nicht mehr missen möchte. An einer Seite fängt sein Material schon an, ein wenig abzublättern, was mich jedoch in keiner Weise stört, denn nun

Die Kultur von Kresse in einem Hohlraumziegel ist einfach: auffüllen, einsäen, angießen.

Kresse sprießt aus einem alten Tonziegel.

Heide-Nelken bevölkern einen alten Ziegel.

beginnt der Ziegel erst recht, als Behausung für Pflanzen interessant zu werden, die auf dem tönernen Untergrund mit Begeisterung Fuß fassen und den Standort charmant bewohnen.

Nach der Kresse setzte ich kleine Zöglinge der Heide-Nelke in die schmalen Öffnungen ...

Da ich als frisch gebackene Eigentümerin eines charmanten Eigenheims schon älteren Baujahrs sicher kein Einzelfall bin, habe ich nachfolgend eine Liste zusammengestellt, die sich mit all den Gegenständen befasst, die beim Renovieren, Restaurieren, bei der Gartenanlage oder auch nach der Errichtung eines Neubaus häufig entsorgt werden müssen und stattdessen doch viel schöner als dekoratives Pflanzgefäß zum Einsatz hätten kommen können:

Fundstücke zum Bepflanzen

- Alte Tonrohre
- Kleine Mühlsteine
- Betonringe
- Altreifen
- Hohlraum-Ziegel
- Große Steingut-Gefäße
- Kleinere Rohrabschnitte oder Teilstücke aus Ton
- Leere Ölfässer
- Dachrinnen
- Alte Mülltonnen
- Dachziegel
- Holzkisten
- Zinkwannen
- Zinkgießkannen
- Alte Stühle aus Holz oder Metall
- Alte Kloschüsseln
- Alte Waschbecken

Amphore aus rostigem Eisen

Alter Waschzuber von anno dazumal mit Blütenschmuck

Der „grüne" Gartenstuhl

Es handelte sich um einen lustigen Zufall, dass meine Schwester einen alten Bistrostuhl in ihrem Gartenhäuschen herumstehen hatte, an dem die Farbe bereits anfing, abzublättern und ich gerade auf der Suche nach kreativen Pflanzgefäß-Ideen war. Ein bepflanzter Stuhl als Blickfang im Garten, würde das funktionieren?

Zum Entsorgen war der Stuhl jedenfalls viel zu schade und so würde ich ein kleines Experiment wagen: Mit einer Stichsäge würden wir ein rundes Loch in seine Sitzfläche aus Holz sägen, gerade so groß, dass ein Pflanztopf aus Kunststoff dort eingesetzt werden könnte. Dieser Topf müsste über einen hervorstehenden Rand verfügen, damit er einfach nur in die entstandene Aussparung eingelassen werden könnte. Schon wäre ein weiteres originelles Gefäß zum Bepflanzen entstanden! Es würde fast so aussehen, als sprießen die Pflanzen aus der Sitzfläche des Stuhles heraus. Diese Bepflanzung könnte während der Gartensaison leicht ausgewechselt werden, sodass hier entweder eine dekorative Gräserart oder eine hohe Gemüsepflanze (Paprika, Tomate) ebenso wachsen könnten, wie einige hübsche Wildblumen.

Der Vorteil von heimischen Wildblumen ist ihre Angepasstheit an den dargebotenen Lebensraum, die darin vorkommenden Tiere sowie das entsprechende Klima der Region.

Wer sich einen lebendigen Garten mit vielen seltenen oder auch nicht so seltenen Tierarten wünscht, der sollte Wildpflanzen generell den Vorzug gegenüber allzu hoch gezüchteten Gewächsen geben.

Nachfolgend habe ich daher eine kleine Liste mit besonders schönen und geeigneten Wildpflanzen aufgelistet, die auch in größeren Töpfen, Kübeln und Schalen gut gedeihen.

Die Größe des Pflanztopfes wird auf die Sitzfläche gezeichnet.

Mit einer Stichsäge wird das markierte Stück herausgesägt.

Der Stuhl wird mit wetterfester Farbe lackiert.

Wildpflanzen

Astlose Graslilie (Anthericum liliago)
Echter Gamander, Schafkraut (Teucrium chamaedrys)
Echtes Seifenkraut (Saponaria officinalis)
Fingerhut (Digitalis ssp.)
Gemeine Akelei (Aquilegia vulgaris)
Gewöhnliche Pechnelke (Lychnis viscaria)
Heide-Nelke (Dianthus deltoides)
Heilziest (Stachys officinalis)
Indianer-Nessel (Monarda ssp.)
Karthäuser-Nelke (Dianthus carthusianorum)
Knoblauchartiger Lauch (Allium scorodoprasum)
Königskerze (Verbascum ssp.)
Kopflauch (Allium sphaerocephalon)
Langblättriger Ehrenpreis (Veronica longifolia)
Moschus-Malve (Malva moschata)
Ochsenauge (Buphthalamum salicifolium)
Orangerotes Habichtskraut (Hieracium aurantiacum)
Rundblättrige Glockenblume (Campanula rotundifolia)
Saat-Wucherblume (Chrysanthemum segetum)
Seifenkraut (Saponaria ssp.)
Taubenkropf-Leimkraut (Silene vulgaris)
Tripmadam (Sedum reflexum)
Wiesen-Bocksbart (Tragopogon)
Wiesen-Flockenblume (Centaurea jacea)
Wiesen-Glockenblume (Campanula patula)
Wiesensalbei (Salvia pratensis)
Wilde Pfingstnelke (Dianthus gratianopolitans)
Tüpfel-Johanniskraut (Hypericum perforatum)
Violette Königskerze (Verbascum phoenicum)
Wurmfarn (Dryopteris ssp.)
Ziest (Stachys ssp.)
Zimbelkraut (Cymbalaria muralis) – schattiger Standort!
Zypressen-Wolfsmilch (Euphorbia cyparissias)

Da es sich bei meinem Bistrostuhl um einen einfachen Holzstuhl für den Innenbereich gehandelt hatte, entschieden wir uns dazu, ihn mit wetterfester Farbe anzustreichen.

Wir entfernten zunächst die bereits im Abblättern befindlichen Farbreste von seiner Sitzfläche und sägten daraufhin mit einer Stichsäge ein kreisrundes Loch im Durchmesser des Kunststoff-Einsatzes hinein (ohne Rand gemessen!).

Der Pflanztopf konnte nun in die Öffnung in der Sitzfläche eingesetzt werden, durch seinen überstehenden Rand liegt er sicher auf dem Holz auf!

Es folgte der Anstrich mit einem schwarzen, für den Außenbereich geeigneten Lack. Den äußeren Rand des Pflanztopfes lackierten wir gleich mit, sodass dieser auf dem schwarzen Untergrund kaum mehr sichtbar ist.

Wird dieser Anstrich jedes Jahr erneuert, macht uns der begrünte Gartenstuhl über viele Jahre hinweg Freude. Im Winter sollten wir ihm jedoch besser ein trockenes Plätzchen in einer Garage, einem Schuppen oder einem trockenen Keller geben.

Pflanzenporträt: „Heide-Nelke"

Im Jahr 2012 kürte die Stiftung „Naturschutz Hamburg" eine ganz besondere Schönheit aus der etwa 2.200 Mitglieder starken Familie der **Nelkengewächse** (*Caryophyllaceae*) zur Blume des Jahres!

Die mit lateinischem Namen *Dianthus deltoides* genannte filigrane Heide-Nelke besticht vor allem durch ihre immense Blütenfülle der fünfzähligen gestielten Blüten sowie deren besonders hoher Leuchtkraft in den Farben Rosa, Pink oder Purpur.

Im Durchmesser nur etwa zwei bis drei Zentimeter groß, scheinen die Blüten über das Talent zu verfügen, sich ausgesprochen gut „ins rechte Licht" rücken zu können. Dementsprechend lichthungrig ist diese Nelkenart dann auch und sie benötigt schon ein Plätzchen an der Sonne, damit sie zu voller Schönheit erblühen kann.

Das Laub der polsterartig wachsenden Nelken ist eher unscheinbar mit seinen etwa 2,5 Zentimeter langen, schmal linealischen, kurz behaarten Blättchen, sodass sich die aparte Pflanze vor allem zu ihrer Haupt-Blütezeit von Juni bis September in die Herzen jedes Naturgärtners hineinwächst bzw. blüht.

Die so typisch geformten Nelkenblüten fallen außerdem durch zart gemusterte Details auf. Am Außenrand leicht fransig gezähnt, entdeckt man in ihrer Mitte eine weiße Punktierung um einen dunkler gefärbten Ring herum.

Zehn bis 40 Zentimeter hoch kann die ausdauernde, krautige Pflanze werden.

Ihr natürliches Vorkommen erstreckt sich über ganz Europa mit Ausnahme des äußersten Nordens und Südens bis hin nach West-Sibirien. Dort findet man die geschützte Wildblume im Flach- oder Hügelland meist unterhalb von 700 Metern über NN, seltener auch in höheren Lagen auf bodensauren Sandtrocken- und Silikatmagerrasen.

Was sie nicht mag, sind kalkhaltige Böden. Wir sollten in unseren Gärten also darauf Rücksicht nehmen und die hübschen Nelken nicht mit allzu kalkhaltigem Wasser aus der Leitung gießen. Abgestandenes Regenwasser behagt ihnen da schon eher, wobei Heide-Nelken Geschöpfe sind, die auch kürzere Trockenperioden meist unbeschadet überstehen. Ideale Voraussetzungen also, um sie erfolgreich in Pflanzgefäßen aller Arten zu kultivieren.

Die Heide-Nelke hätte eine reale Chance, den Titel „Königin der Kübelpflanzen" zu ergattern, so schön nimmt sie die ihr zugeteilten Gefäße in Besitz, dass einem der Anblick schon die Sprache verschlagen kann.

Sie schafft es, selbst stark beschädigte Gefäßränder mit ihren oberirdisch kriechenden Ausläufern so dekorativ zu kaschieren, dass man sie am liebsten niemals mehr in ein ganz normales Gartenbeet setzen möchte, sondern diese Blühwunder von vornherein gleich in eine zerbrochene Amphore, eine hohle Figur oder einen ausgehöhlten Baumstamm setzt, um dann voller Spannung abzuwarten, was geschieht.

Heide-Nelke (Dianthus deltoides)

Die an ihren Naturstandorten pinkfarben blühenden Nelken werden uns in jedem Fall mit ihrem üppigen Wuchs und einer attraktiven Blütenfülle begeistern und uns viele Jahre Freude bereiten.

Alte Ton-Rohre für rankende Schönheiten

So ein altes Haus ist doch immer wieder für eine Überraschung gut!

Wie wir beim Entrümpeln und Aufräumen von Haus und Garten feststellten, gab es unter der rückseitig am Haus befindlichen Terrasse einen Hohlraum, der sich unter der gesamten Terrasse bis zur Hauswand hin erstreckte. Auch das Fenster zum Öltankraum hatte hier seinen Platz.

Als ich das schmale Blech entfernte, welches den Eingang zu diesem Raum verschlossen hielt, schlug mir ein strenger Geruch nach Diesel entgegen. Vermutlich hatte der Verschlag schon jahrzehntelang als Lager für allerhand Material gedient, welches wohl noch vom Bau des Hauses, Anfang der 30er-Jahre, übrig geblieben war. Ob sich mit dem gesichteten Material wohl – aus gärtnerischer Sicht – noch irgendetwas anfangen ließ? Unter einer dicken Staubschicht erkannte ich eine größere Anzahl großer Abwasserrohre aus Ton und einen kleinen Betonring.

Schmale, aufstrebende Formen besitzen immer einen besonderen Reiz im Garten, vor allem auch, wenn man mehrere dieser Säulen nebeneinander setzen kann.

Daher war der Entschluss, die alten Rohre zu bepflanzen, schnell gefasst!

Ich würde allerdings Hilfe brauchen, um sie aus der beengten Lagerstätte zu bergen und alsdann im Garten aufzustellen.

Es wäre wohl auch sicherer, die Rohre an ihrem späteren Standort ein Stück weit in die Erde einzulassen, damit sie eine gewisse Standsicherheit erhielten. Da in unserem Garten des Öfteren auch kleine Kinder und Hunde umherlaufen, war dies ein absolut notwendiges Unterfangen.

Nachdem die recht schweißtreibende Bergung der Rohre abgeschlossen war und diese ein Stück weit in die Erde eingelassen recht wirkungsvoll an ihrem neuen Standort im Garten standen, wurden sie erst einmal von ihrem Schmutz befreit. Lauwarmes Wasser ohne jede Art von Zusätzen reichte aus, um die dekorativen „Pflanz-Säulen" in neuem Glanz erstrahlen zu lassen.

Nun ging es darum, den Innenraum der Rohre mit einem guten Kübelpflanzensubstrat aufzufüllen. Im unteren Bereich der Säule verwendeten wir hierfür den zur Seite gelegten

Etwa 80 Jahre alte Rohre an ihrem Fundort

Die Rohre werden in die Erde eingelassen und mit einer Wasserwaage ausgerichtet.

Bepflanzte Tonrohre sind eine recht beeindruckende Bereicherung für den Garten.

lehmhaltigen Erdaushub. Erst darüber füllten wir ein speziell für Kübelpflanzen zusammengestelltes Substrat (Rezept auf S. 24).

Die schlanken, hohen Rohre schienen geradezu prädestiniert dafür, Ausläufer bildende Pflanzen aus großer Höhe herabranken zu lassen, sodass vor allem Pflanzen aus der nachfolgenden Liste die erste Wahl für eine schmückende Bepflanzung der Rohre darstellen.

Überhängende Pflanzen

Alpen-Gämskresse (Hutchinsia alpina)
Blaue Fächerblume (Scaevola aemula)
Blaukissen (Aubrieta ssp.)
Buschklee (Lespedeza thunbergii)
Efeu (Hedera helix)
Erdbeeren – mehrmals tragende Sorten verwenden!
Fuchsie (Fuchsia ssp.)
Gelber Lerchensporn (Corydalis lutea) – für schattige bis halbschattige Standorte!
Geranie (Pelargonium ssp.)
Grünlilie (Chlorophytum comosum) – Zimmerpflanze!
Hängeverbenen (Verbena tenera ssp.)
Herzblättrige Mittagsblume (Aptenia cordifolia) – im Haus bei 5–8 °C überwintern!
Kapuzinerkresse (Tropaeolum ssp.)
Petunie (Petunia atkinsiana)
Pfennigkraut (Lysimachia nummularia)
Steinkraut (Alyssum ssp.)
Tripmadam (Sedum reflexum)
Weihrauchpflanze, Mottenkönig (Plectranthus coleoides)
Zimbelkraut (Cymbalaria muralis) – für schattige Standorte!
Zwerg-Fingerkraut (Potentilla neumanniana)

Pflanzenporträt: „Herzblättrige Mittagsblume"

Herzblättrige Aptenia oder auch Eiskraut wird diese aus der Familie der Mittagsblumengewächse stammende Pflanze gelegentlich auch genannt. Die ausdauernde Mittagsblumenart gefällt vor allem durch den sukkulenten Charakter ihrer Belaubung.

Ihren Gattungsnamen erhielt *Aptenia cordifolia* wegen der Herzform ihrer Blätter. Cordifolia könnte man von seiner Bedeutung her mit „herzförmiges Blatt" übersetzen.

Nur etwa zehn Zentimeter hoch wird die hellgrün belaubte Pflanze.

An ihren heimatlichen Standorten in Südafrika oder neuerdings auch im Mittelmeerraum oder auf den Kanarischen Inseln wächst die Herzblättrige Mittagsblume dafür umso länger in die Tiefe. Meterlange von Mauervorsprüngen herunterhängende Kaskaden sind hier keine Seltenheit. Auch in unseren Breiten können wir *Aptenia cordifolia* während der Sommermonate im Freiland kultivieren. Zwar sind die kleinen rosafarbenen oder purpurroten Blüten eher unspektakulär und öffnen sich auch nur, während die Sonne scheint, die Pflanze besticht jedoch umso mehr durch ihre erfrischende Erscheinung, ihren Drang, über Vorsprünge hängend in die Tiefe zu wachsen sowie ihre Brauchbarkeit in der Küche.

Die fleischigen Blätter sind eine beliebte und leicht säuerlich schmeckende Salatzutat. Außerdem werden der Pflanze entzündungshemmende Eigenschaften nachgesagt.

Auch im Kübel fühlt sich diese Mittagsblumenart äußerst wohl, benötigt dort ein gut durchlüftetes Substrat (siehe dazu auch S. 24), einen Platz an der Sonne und regelmäßige Dünge- und Wassergaben.

Da die Herzblättrige Mittagsblume in unseren Breiten nicht frosthart ist, holt man sie während der Wintermonate ins Haus oder in eine beheizte Garage und überwintert sie bei etwa 5–8 °C.

Herzblättrige Mittagsblume (Aptenia cordifolia)

Anstatt der ganzen Pflanze können auch bloß einige Stecklinge von der Pflanze abgenommen werden. Diese stellt man in ein Glas mit Wasser, bis sich an ihren Stängeln ausreichend Wurzeln gebildet haben. Die bewurzelten Stecklinge sollte man alsbald in ein sandhaltiges Substrat pflanzen, jedoch während des Aufenthalts im Winterquartier vorerst nur sehr sparsam gießen.

Blühende Jeans

Sogar im eigenen Kleiderschrank – und hier bei den für die Altkleidersammlung aussortierten Kleidungsstücken – befinden sich mit Sicherheit einige Teile, die noch eine recht solide Behausung für Pflanzen ergeben könnten.

Jeansstoff im Besonderen erfüllt alle Voraussetzungen, um Pflanzen darin anzubauen: Der Stoff ist reißfest, wasserdurchlässig, atmungsaktiv und recht beständig, selbst wenn er sich über einen längeren Zeitraum mit Erde gefüllt im Freien aufhalten muss.

So wurden also kurz entschlossen einige nicht mehr passende Hosen ausgewählt, deren Innenraum mit guter Kübelpflanzenerde gefüllt (Rezept für Kübelpflanzensubstrat auf S. 24) und die Hosen dann im Garten hübsch ausstaffiert. Möchten wir Jeans-Shorts im Beet

Um eine „blühende Jeans-Shorts“ zu erhalten, werden lange Hosenbeine eingekürzt.

Die Hose wird mit einem Pflanzsubstrat aufgefüllt und in Form gebracht.

Eine „gut sitzende“ Jeans macht auch im Garten eine gute Figur.

„aufstellen", schlagen wir die Hosenbeine, falls diese es von der Länge her zulassen, vor dem Einfüllen der Pflanzerde unten etwas um. Nachdem die Hose dann mit Substrat aufgefüllt wurde, bringen wir sie durch Druck von außen noch ein wenig in Form, sodass das spätere Ensemble aus Pflanze und Hose auch eine gute Figur macht. Nach Wunsch legen wir noch einen Gürtel um den Bund für ein modisch perfektes Styling.

Tipp!

Damit die bepflanzte Jeans länger als nur eine Saison hält, empfiehlt es sich, ihren Innenraum vor dem Befüllen mit Kunststofffolie auszulegen!

Die Hosenbeine werden von unten mit Folie abgedichtet …

Ein stummer Gast auf der Gartenbank

Oder wir setzen eine mit Pflanzerde gefüllte Jeans auf eine Gartenbank!

Auch hier muss die Passform der mit Erde gefüllten Hose von außen gut nachmodelliert werden, sodass eine möglichst realistische Figur entsteht.

Damit an den Hosenbeinen unten keine Erde herausfallen kann, können wir den unteren Bereich der Beine generell mit zerknülltem Zeitungspapier, welches wir in Plastiktüten stopfen, auspolstern und das Substrat dann darüber einfüllen.

Damit die Jeanshose auch auf lange Sicht schön sauber bleibt, könnte man auch den oberen Bereich der Hose mit Folie auslegen, bevor man die Erde dort hineingibt. Es hat sich außerdem bewährt, die Öffnungen der Hosenbeine unten mit einem Handtacker zu verschließen.
Damit die Jeans sicher auf ihrer Bank sitzt und nicht nach hinten umkippen kann, stützen wir sie auf ihrer Rückseite mit ein oder zwei Ziegelsteinen ab.

Bei der Bepflanzung haben wir freie Auswahl, da die Behausung reichlich Platz bietet. Daher lassen wir aus der Jeans sprießen und blühen, was uns gefällt (siehe hierzu auch in den Pflanzenlisten auf den Seiten 16, 18, 20, 46 und 50).
Der auf einer Bank sitzenden Jeans stellen wir nach Lust und Laune noch ein paar bepflanzte Schuhe oder Stiefel dazu und legen ihr einen Gürtel um. So entsteht ein beinahe vollkommener Gast im Garten, der uns mit seinem Faible fürs „Grüne" begeistert und dennoch recht schweigsam und geduldig an seinem Platz verharrt!

... und zugetackert.

Die Hose wird mit einem Pflanzsubstrat ...

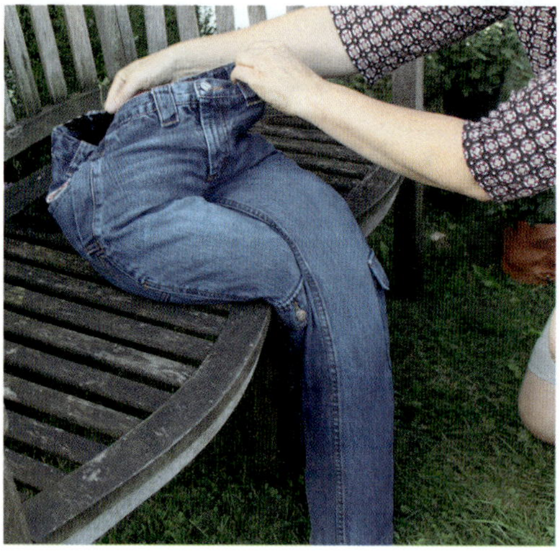

... aufgefüllt und in Form gebracht.

Ein oder zwei Ziegelsteine stützen die Jeans ab, sodass sie aufrecht sitzen bleibt.

Schicke Schuhe für meine Lieblingsblumen

Nach dem Kleiderschrank kommt nun noch der Schuhschrank an die Reihe, um auch hier nach geeigneten Gefäßen zum Bepflanzen zu stöbern. Der Klassiker des bepflanzten Gummistiefels muss es nicht unbedingt sein, außerdem brauchen wir die noch für die Gartenarbeit an regnerischen Tagen.

So fällt die Wahl schließlich auf ein hoffnungslos aus der Mode gekommenes Paar Lederschuhe mit einer „hübsch-hässlichen" Verzierung und unbegreiflichen Ziernähten, was wohl irgendwann einmal modisch sehr angesagt gewesen sein wird. Inzwischen würde die Schuhe aber mit Sicherheit niemand mehr tragen wollen.

Den Mauerpfeffer scheinen aktuelle Modetrends nicht sonderlich zu interessieren, solange man ihm und seinem Schuh ein sonniges Plätzchen und gelegentlich ein wenig Wasser gibt.

Die Bepflanzung ist kinderleicht: Spezielles Substrat (siehe S. 24) einfüllen und mit Sedum, Hornveilchen oder anderen Pflanzen für kleine Gefäße (Pflanzenliste auf S. 16) bepflanzen! Gelegentliches Gießen und Düngen nicht vergessen!

Mauerpfeffer gedeiht auf kleinstem Raum.

Skulpturen mit Hohlräumen

Besonders reizvoll sind Skulpturen aller Art, wenn man sie ausdrucksstark mit dekorativen Pflanzen bestückt hat.

Natürlich muss hierzu ein entsprechender Hohlraum in der Skulptur vorhanden sein. Dieser entsteht – sollte er nicht bereits von vornherein gegeben sein – gelegentlich durch eine entsprechende Beschädigung der Figur, sodass ausgesprochene Kübelspezialisten, wie Sempervivum, Sedum, Heide-Nelke oder Tripmadam diese mit Substrat gefüllten Öffnungen meist sehr charismatisch erobern.

Auch in diesem Fall lohnt ein Besuch auf einem Flohmarkt. Verschiedene Skulpturen, ob beschädigt oder nicht, gibt es hier recht preisgünstig.

Wem die Figur als solche nicht allzu sehr am Herzen liegt, der hilft sogar etwas nach und versucht mit einer Bohrmaschine, einem Winkelschleifer oder einem Hammer und mit viel Gefühl, eine Öffnung im oberen Bereich der Figur auszugestalten.

Hauswurz-Rosetten erobern eine beschädigte Schweinchen-Skulptur.

Gefäße mit Glas für den rechten Durchblick

Ein Höhepunkt auf jeder Kinderparty sind Projekte, bei denen die Kinder aktiv selbst etwas gestalten dürfen.

Das habe ich bei den unzähligen Geburtstagsfeiern, die ich im Laufe des Heranwachsens inzwischen vier erwachsener Kinder ausgerichtet habe, doch immer wieder festgestellt. Ich werde die strahlenden Augen der Kinder nicht vergessen, wenn sie ihren Eltern voller Stolz ihren selbst geschnitzten Kürbis, das bunt beklebte Teelicht oder den mit Kressesamen eingesäten und mit Plakafarbe hübsch bemalten Pflanztopf zeigten.

Eine sehr dekorative und dabei leicht durchzuführende Aktion für Kinder im Kindergarten- oder Grundschulalter ist das Füllen und Bepflanzen von Gefäßen, deren Seitenwände ganz oder teilweise aus Glas bestehen und die nach oben hin offen sind.

Wünschenswert wäre, dass die Gefäße auch über eine Abzugsmöglichkeit von Wasser verfügen! Andernfalls müsste die untere Hälfte des Gefäßes mit Kieselsteinen, Tonscherben oder Glasmurmeln gefüllt werden.

Hat man eine ausreichend große Anzahl an Gefäßen besorgen können, kann der Party-Spaß beginnen.

Verschiedenfarbige Substrate werden in Töpfen und Schalen bereitgestellt.

Zunächst werden verschiedenfarbige Substrate in Töpfe oder Schüsseln gefüllt. Dies kann entweder schon vor der Feier vorbereitet werden oder man tut dies mit den Kindern gemeinsam.

Damit die eingefüllten Erdschichten später ein besonders schönes Muster bilden, sollte man hierbei ruhig etwas kreativ sein und viele unterschiedliche Materialien zum Einfüllen zur Verfügung stellen.

Wie wir sehen, eignet sich eine ganze Reihe von Substanzen zum Einfüllen und späteren Bepflanzen der Glasgefäße. Je farbiger das verwendete Füllmaterial ist, desto interessanter ist das spätere Ergebnis.

Individualität ist hier Programm. Kinder lieben es, ihrer Kreativität freien Lauf zu lassen.

Gemeinsam werden die Substrate nun schichtweise in die Gefäße gefüllt. Jede Schicht wird leicht angedrückt, bevor die nächste ein-

Verschiedenfarbige Substrate

Blumenerde
Graberde
Torf
Kokoserde
Lehm
Sand in verschiedenen Farbtönen
Kies in verschiedenen Körnungen und Farbtönen
Bunte Dekosteine
Murmeln
Feiner Rindenmulch in verschiedenen Farbtönen
Tongranulate
Zerkleinerte Muschelschalen
etc.

Als erste Schicht wird Sand oder feiner Kies in das Gefäß gefüllt.

Abwechselnd werden möglichst vielfarbige Substrate Schicht für Schicht eingefüllt.

Spannend für Kinder: Der freie Blick auf das Wurzelwerk der eingesetzten Pflanzen.

Der Mittagsblume gefällt ihr neues Zuhause, zu erkennen an ihren „strahlenden" Blüten.

gefüllt wird. Hübsch sieht auch heller Sand aus, wenn man ihn jeweils im Wechsel mit einer dunkleren Erdschicht einfüllt. Als letzte Schicht sollte jedoch immer eine gute, nahrhafte Pflanzerde verwendet werden, in die die kleinen Pflanzen gesetzt werden können. So wurzeln sie gleich von Anfang an in nahrhaftem Erdreich.

Eine Ausnahme bildet Kressesamen, den man auf eine Schicht Sand aufstreut und gut feucht hält, wozu man eine Folie über das Gefäß stülpt, bis die Saat aufgegangen ist.

Die Pflanzenauswahl ergibt sich aus der Größe des Gefäßes. Eine Auswahl geeigneter Pflanzen befindet sich auf den Seiten 16, 18 und 20.

Sind alle Gefäße dekorativ befüllt und entsprechende Pflanzen eingesetzt worden, könnten nun alle gemeinsam noch das schönste Gefäß küren und prämieren.

Für alle anderen kleinen Gärtner und Gärtnerinnen gibt es natürlich ebenfalls eine Belohnung. Ihre selbst gestalteten Gefäße dürfen sie selbstverständlich ebenfalls mit nach Hause nehmen.

Weißer Sand, roter Lehm, dunkle Pflanzerde, bunte Murmeln und vieles mehr kann als Substrat dienen.

Pflanzen im Glas & Mini-Wassergärten

Wer seine Pflanzen noch besser im Blick haben möchte, der pflanze sie in geräumige Gefäße aus Glas.

Speziell kleine Blüten und zierliches Blattwerk kommen in einem großen Glas gut zur Geltung. Vom Stil her passen bepflanzte Gläser zum Landhausstil oder auf einen gedeckten Tisch, vor allem, wenn es romantisch werden soll.

Noch mehr Aufsehen erregt die Pflanze im Glas, wenn sich ihre Blüten auf dem Tisch noch einmal wiederfinden: Dabei könnte es sich um Servietten oder eine Tischdecke mit dem entsprechenden Blumenmotiv handeln oder um von Blüten verzierte Kuchenplatten, Milchkännchen oder gar ein ganzes Service, welches sich einer bestimmten Blumenart verschrieben hat.

Sag's mit Blumen ...

Will man bei einem romantischen Essen mit kleinen versteckten Botschaften mittels Blumen aufwarten, sollte man vor allem die symbolische Aussagekraft der verschiedenen Blumen kennen.

Eine Hyazinthe im Glas mag ja eine hübsche Idee sein, von ihrer Bedeutung her klingt in ihrem süßen Duft immer auch ein Vorwurf mit: „Du bist kalt und lässt mich leiden!"

Wesentlich unverfänglicher sind weiße Nelken, die Freundschaft symbolisieren, oder man schmückt den Tisch mit einem Vergissmeinnicht, dessen Aussage sich mit seinem Namen deckt.

Hübsche Pflanzen für Gläser
und ihre symbolischen Bedeutungen

- Maiglöckchen » Unschuld
- Veilchen » Geheime Liebe
- Anemone » Pflanze der Märtyrer
- Kornblume » Treue
- Gänseblümchen » Bescheidenheit und Demut
- Malve » Bitte um Vergebung
- Orchidee » Leidenschaft
- Mohn » Glück, Kuss
- Schlüsselblume » Der Schlüssel zum Herzen
- Tulpe » Bewunderung

Bezaubernde Unterwasserwelt

Jedes Glasgefäß eignet sich, sofern es wasserdicht ist, um darin Wasserpflanzen zu kultivieren. Wer bepflanzte Aquarien mag, allerdings die Arbeit, die ein großes Becken mit Fischen macht, scheut, der behilft sich mit einem „Mini-Wassergarten".

Auf den Boden des Glases geben wir Kieselsteine und/oder Sand. Für ein längerfristiges Gedeihen der Unterwasserpflanzen gebe man außerdem eine kleine Menge eines gehaltvollen Nährsubstrats hinzu. Ein Teelöffel voll reicht für ein Glas mit einem Fassungsvermögen von 1,5 Litern aus.

Tipp!

Boden-Nährsubstrate speziell für Wasserpflanzen erhält man im gut sortierten Aquarienfachhandel.

Auch die Wasserpflanzen werden dort meist in großer Anzahl angeboten.

Sehr dekorativ sind auch auf der Wasseroberfläche schwimmende Pflanzen wie die Muschelblume (Wassersalat)!

In Teichen bevorzugen Muschelblumen die seichten Uferzonen. Ebenso gut kann man sie auch in Gläser setzen. So kommt die Schönheit dieser ganz bezaubernden Schwimmpflanzen besonders schön zur Geltung.

Von Zeit zu Zeit leert man das gläserne Behältnis aus, um es zu säubern. Substrat und Pflanzen werden ebenfalls entfernt, gesäubert und die Pflanzen gegebenenfalls zurückgeschnitten, bevor das Glas neu aufgefüllt und bepflanzt wird.

Margeriten in zartem Rosé als idealer Partner für ein bauchiges Glas

Hinweis!

Muschelblumen sind Zeigerpflanzen für Nitrat. Je mehr Nitrat das Wasser enthält, desto schneller vermehren sie sich!

Variante

Eine witzige Idee von leider nur kurzer Lebensdauer besteht darin, ganz gewöhnliche Garten- oder Zimmerpflanzen in ein mit Wasser gefülltes Behältnis aus Glas zu setzen.

Pflanzen mit filigranem Laub und zarten Blütenblättern sind hierfür besonders geeignet, wie etwa Dill, Weinraute oder Mohn. Andererseits sind auch Pflanzen mit festeren Blatt- und Blütenstrukturen in der Lage, für eine Weile unbeschadet „auf Tauchgang" zu gehen. Beispiele für solche Pflanzen wären Schneeglockchen, Flammendes Kätchen, Tulpe, Strohblume oder Tripmadam.

Die Muschelblume ist auch unter dem Namen „Wassersalat" bekannt.

Achtung!

Sollen die normalerweise „an Land" wachsenden Pflanzen keinen Schaden nehmen, darf man sie allenfalls für ein paar Stunden im Wasser belassen.

Blühende Fahrradkörbe für Geländer und Zäune

Ich habe es schon oft erlebt, dass bei Fahrrädern, die auf dem Sperrmüll entsorgt werden, noch recht brauchbare Fahrradkörbe an den Rädern montiert sind, die man entweder für sein eigenes Rad noch gut nutzen kann oder die man, mit Moos und Blumen bestückt, sehr dekorativ an einem Zaun oder an Balkon- und Treppengeländern anbringen kann. Der große Vorteil dieser Körbe besteht auch darin, dass man sie durch ihre Stäbe hindurch leicht mit Draht oder einigen Metallhaken befestigen kann. Nachdem der Korb mit Moos oder einem Stück Kokosmatte ausgepolstert sowie einer dünnen Folie ausgelegt wurde, wird ein gutes Kübelpflanzensubstrat eingefüllt und Pflanzen nach Wahl eingesetzt (siehe hierzu die Pflanzenlisten auf den Seiten 16, 18, 20, 46 und 50).

Auf denkbar schnelle und einfache Weise ist so ein charmanter Balkon- oder Terrassenschmuck entstanden.

Nachdem die Korbwände mit Moos ausgekleidet wurden, kann ein Stück Folie ins Moos eingelegt werden.

Mit einfachen Metallhaken können Körbe an Zäunen oder Geländern befestigt werden.

Mehrfarbige Chrysanthemen und Bartnelken strahlen mit der Sonne um die Wette.

Pflanzgefäße – selbst gemacht!

Nun geht es also um das kreative Selbergestalten ganz unterschiedlicher Pflanzgefäße. Bei der Wahl des Ausgangsmaterials legen wir besonders viel Wert auf dessen Preisgünstigkeit und das Recycling bereits vorhandener Stoffe:

Leere Getränkeverpackungen, ausrangierte Plastik- oder Holzschalen, alte Blumentöpfe, Jutesäcke, Fliesenreste, Reste von Reetmatten, Kordeln, alte Schuhe und vieles mehr kann in unserer kleinen Hobbywerkstatt bei der Herstellung schöner und ausgefallener Gefäße verarbeitet werden.

Die Liste auf Seite 67 soll dem Hobby-Heimwerker einen kleinen Überblick darüber verschaffen, was er zum Gestalten von Pflanzgefäßen alles verwerten könnte!

Welches Werkzeug wird benötigt?

Eine Bohrmaschine, eine kleine Drahtzange, eine Schere und eine Heißklebepistole (oder alternativ ein guter Kraft- oder Alleskleber) sollten schon vorhanden sein, um die hier vorgestellten Gestaltungsbeispiele nacharbeiten zu können.

Wird weiteres Werkzeug benötigt, so wird dies in der jeweiligen Beschreibung erörtert.

Mögliches Ausgangsmaterial für die Hobby-Werkstatt

Leere Getränkeverpackungen in verschiedenen Größen

Alte Kunststoffkörbe

Kleine Holzkisten

Alte Blumentöpfe aus Ton oder Keramik, auch beschädigte

Tonscherben

Jutesäcke

Fliesenreste

Reste von Reetmatten

Stroh und Heu

Kordeln

Buntes Klebeband

Aus der Natur: Muscheln, Schneckenhäuser, große Blätter

Dekosteine und Glasperlen

Altes Silberbesteck

Münzen

Häkeldeckchen

Bunte Stoffe

Plakatfarben, Acryllack, Sprühfarbe

Zementmörtel, Portlandzement

Spielsand

Kleister

Alte Zeitungen

Bunte Servietten

Treibgut vom Flussufer, z. B. kleine Aststücke, Glasscherben u. a.

Draht

Bastschnur

Pflanzschalen und -töpfe aus Häkeldeckchen in Beton

Es ist schon erstaunlich, wie fest selbst filigranste Konstruktionen werden, wenn sie mit Beteiligung des Baustoffs Beton angefertigt werden. So schaue ich doch immer wieder in staunende Gesichter, wenn ich Besuchern meine in Beton gegossenen Pflanztöpfe aus zarter Spitze zeige.

Wer „gehäkelte" Gefäße aus Beton für den eigenen Garten selber herstellen möchte, der besorge sich das entsprechende Material und kann entweder flache Schalen oder auch Pflanztöpfe in verschiedenen Höhen erstellen.

Benötigtes Material

- ☐ Gehäkelte kleine Tischdecken; rund, eckig oder oval
- ☐ 1 Sack Zementmörtel
- ☐ 1 Sack Portlandzement
- ☐ 1 Sack Spielsand
- ☐ 1 Stück Plastikfolie, mindestens in der Größe der Häkelarbeit
- ☐ Blumentopf in der Größe der Häkelarbeit
- ☐ Durchscheinende Folien (z. B. Mülltüten, Butterbrottüten o. Ä.)

Gehäkelte Deckchen in verschiedenen Größen werden zu Beton-Körben.

Großer Beton-Korb mit Chrysanthemen und einer Stacheldrahtpflanze

Vorgehensweise

Pflanztopf

Am einfachsten ist die Herstellung von Beton-Häkel-Töpfen mit Hilfe von umgestülpten Übertöpfen, Schalen oder Schüsseln. Die in Beton getränkten Häkeldeckchen werden hierbei zum Aushärten über passende Töpfe und Schüsseln gelegt.

Bevor es zur Sache geht, wird zunächst „anprobiert". Dazu legt man die noch trockenen Deckchen probeweise über die Töpfe, um zu sehen, welcher Topf oder welche Schüssel sich als späterer „Trockenständer" für die in Beton getauchte Häkelarbeit von ihrer Größe her eignet.

Hat jedes Deckchen seinen Topf gefunden, wird zunächst der Zementleim angerührt. Hierzu wird Zementmörtel und Portlandzement mit Wasser zu einem zähflüssigen Brei verrührt. Wir mischen die beiden Zementarten im Verhältnis 2 : 1 (Zementmörtel : Portlandzement). Das ergibt ein insgesamt recht bruchstabiles Ergebnis. Wurde der Zementleim klümpchenfrei glatt gerührt, geben wir die Häkelarbeit in die Masse hinein.

Der gesamte Stoff der Häkelarbeit sollte gut vom Zementleim durchtränkt werden. Es sollte kein blanker Stoff mehr erkennbar sein! Anschließend wird das Deckchen etwas ausgedrückt und unter Umständen auch etwas abgeschüttelt. Das Häkelmuster sollte gut erkennbar sein, bevor man es zum Aushärten aufhängt. Das „zementierte" Deckchen wird nun mittig über einen entsprechenden Topf gelegt, seine Ränder werden schön in Form gebracht.

Der verwendete Topf bestimmt die spätere Form des fertigen Betontopfes! Wer ein etwas bauchigeres Gefäß erhalten möchte, kann daher auch eine bauchige Vase, einen Fußball oder Ähnliches verwenden und die Häkelarbeit zum Aushärten dort auflegen.

Zunächst wird anprobiert: Welches Deckchen passt auf welchen Topf?

Die Häkelarbeit wird in den Zement getaucht und muss etwas ausgedrückt werden.

Überschüssiger Zement wird abgeschüttelt.

Die Häkeldecke wird zum Trocknen über einen Topf gelegt und etwas in Form gebracht.

Die zementierten Deckchen bleiben zum Aushärten auf ihrem Topf. Das Häkelmuster sollte gut erkennbar sein!

Nach etwa zwei Tagen ist der Zement erstarrt und der kleine Zementkorb kann bepflanzt werden.

Je nach Außentemperatur ist der Zement nach ein bis drei Tagen hinreichend ausgehärtet, das Deckchen dementsprechend zu einem festen Gebilde erstarrt. Wir können die betonierte Häkelarbeit nun vom Topf oder von der Schüssel lösen. Hierbei sollte man zunächst ein Messer oder Ähnliches zwischen Deckchen und Unterlage schieben. Sehr vorsichtig hebt man die gehärtete Betonschale bzw. den Betontopf ab und stellt ihn zum vollständigen Austrocknen an einen warmen, trockenen Platz.

Tipp!

Die als „Trockenständer" verwendeten Töpfe und Schalen sollten unmittelbar nach der Entnahme der „erstarrten" Deckchen mit Wasser und einer Bürste gereinigt werden!

Passende Pflanzen auswählen

Sind die „gehäkelten" Betontöpfe vollständig getrocknet und ausgehärtet, kann entweder sofort in sie hineingepflanzt werden oder man legt zuvor eine dünne durchscheinende Folie ein, damit kein Substrat durch die Lücken im Topf herausfallen kann. Je nach Häkelmuster verfügen die fertigen Betontöpfe über größere oder kleinere Lücken, sodass es manchmal sogar zwingend notwendig wird, eine Folie oder ein Vlies vor dem Bepflanzen in den Topf oder die Schale einzulegen.

Als sehr geeignet haben sich dünne Butterbrottüten oder Müllbeutel herausgestellt. Sie fallen aufgrund ihrer durchscheinenden Qualität optisch kaum auf, dichten den Topf jedoch effektiv ab. Damit überschüssiges Wasser ablaufen kann, sticht man mit einer Gabel ein paar Löcher in die Folie hinein.

Nun kann das Substrat in den Topf gegeben, die Pflanzen anschließend eingesetzt werden.

Damit Erde nicht herausfällt, wird der Korb mit einer durchscheinenden Folie ausgelegt.

Tipp!

Mit dem „Betongrau" der Töpfe harmonieren pastellfarben blühende oder grau belaubte Pflanzen besonders gut.

Flache Schale

Auch ganz flache Pflanzschalen können aus gehäkelten Tischdecken oder jedem anderen Gewebe hergestellt werden. Hierzu wird zunächst Spielsand zu einem Hügel aufgeschichtet. Dort wird eine Vertiefung in Form und Größe der verwendeten Häkelarbeit hineingedrückt.

Ein entsprechend großes Stück Plastikfolie wird nun in die Vertiefung eingelegt und nochmals gut angedrückt und in Form gebracht.

Achtung!

Die Form der gebildeten Kuhle entspricht der späteren Form des fertigen Pflanzgefäßes!

Aus einer viereckigen kleinen Tischdecke wird eine flache Betonschale.

In eine Schüssel mit Sand wird eine Vertiefung gedrückt und die Decke hineingelegt.

Die Decke wird in Zementleim getaucht und bleibt zum Aushärten nun für etwa zwei …

… Tage in der Sandkuhle. Es entsteht eine flache Schale aus Beton.

Bevor wir die in Zementleim getränkte kleine Häkeldecke in die Vertiefung legen, drücken wir den Stoff leicht aus. Das zarte Häkelmuster sollte noch gut sichtbar sein.

Wird allerdings ein besonderer Wert auf eine lückenlose Oberfläche der Schale gelegt, gibt man noch ein wenig Zementleim auf die Häkelarbeit und verstreicht diesen, bis alle Lücken im Deckchen mit Zement verschlossen sind.

Die Ränder der kleinen Decke werden noch ansprechend in Form gebracht, denn so, wie das Deckchen nun aushärtet, wird es später auch aussehen. Korrekturen sind nach dem Ansteifen (nach ca. einer Stunde) nicht mehr möglich!

Je nach Außentemperatur ist die betonierte Häkelschale nach etwa ein bis zwei Tagen entsprechend ausgehärtet, sodass man sie vorsichtig aus dem Sandhügel entnehmen kann. Zum vollständigen Aushärten stellen wir sie warm und trocken auf.

Befinden sich allzu große Lücken in der fertigen „Häkel-Betonschale“, wird vor dem Bepflanzen ein Stück dünne Folie in die Schale gelegt. Hierzu eignet sich ein aufgeschnittener Müllbeutel aufgrund seiner Transparenz besonders gut. Überstehende Ränder der Folie werden mit einer Schere abgeschnitten.

Nun kann das Pflanzsubstrat eingefüllt und aus einer großen Vielzahl an Pflanzen gewählt werden. In flachen Schalen sind Sukkulenten, wie Hauswurz oder Mauerpfeffer, besonders hübsch.

Auch Hornkraut, Sternmoos und viele andere in flachen Polstern wachsende Pflanzenarten fühlen sich in flachen Schalen wohl. Damit Wasser ungehindert ablaufen kann, werden einige Löcher in die Folie gestochen!

Das „Sumpf-Gefäß“

Aus Zement mit einem Anteil an Torf, Sand und/oder Blumenerde können eindrucksvolle kleine (oder auch größere) Tröge oder Schalen gegossen werden. Man kann die entstandenen Gefäße entweder als Pflanzgefäß mit Abzugslöchern oder – ohne Abzugslöcher – als Brunnen einsetzen. In unserem speziellen Fall wird der kleine Trog zu einem schmucken Zuhause für eine hübsche Auswahl an Sumpfpflanzen.

Aufgrund des enthaltenen Erdanteils sind die Wände des Beton-Troges – auch ohne Abzugslöcher – nur beschränkt wasserdicht. Eingefülltes Wasser sickert daher ganz allmählich wieder durch den Boden des Gefäßes. Sumpfpflanzen, wie Kuckuckslichtnelke, Sumpf-Kalla, Blutweiderich, Sumpfdotterblume, Trollblume oder die bezaubernde Bach-Nelkenwurz fühlen sich in dieser Art von Trog daher ganz besonders wohl!

An heißen Tagen muss allerdings täglich ein wenig Wasser hinzugegeben werden, da typische Sumpfbewohner es nicht besonders gut vertragen, wenn der Boden, in welchem sie wachsen, über mehrere Tage hinweg ausgetrocknet ist.

Benötigtes Material

- ☐ 1 Sack Zementmörtel
- ☐ 1 Sack Portlandzement
- ☐ Gartentorf oder torfhaltige Blumenerde
- ☐ 2 ineinander passende, unterschiedlich große Wannen aus Kunststoff
- ☐ Speiseöl, Pinsel
- ☐ Drahtbürste, Spiral-Topfreiniger aus Edelstahl

Vorgehensweise

Die beiden Zementarten sowie der Torf werden im Verhältnis von 2 : 2 : 1 (Zementmörtel : Torf : Portlandzement) mit Wasser zu einem dickflüssigen Leim angerührt.

Tipp!

Eine feinere Oberfläche und somit auch eine höhere Dichtheit erhält der Trog, wenn der Torf zuvor durch einen Häcksler gegeben wurde und dadurch eine feinkrümeligere sowie auch homogenere Konsistenz erhält.

Die größere der beiden Kunststoffwannen wird von innen mit Speiseöl bestrichen.

Nun wird die Zementmasse etwa fünf Zentimeter hoch in die Wanne gefüllt. Die kleinere und von außen eingeölte Wanne wird nun auf diesen Zement gestellt und ihr Innenraum mit Gewichten beschwert. Als Gewichte dienen Steine, Kies, Sand oder Ähnliches. In die entstan-

Torf und Zement werden mit Wasser zu einem zähflüssigen Leim verrührt.

dene Lücke zwischen den beiden Wannen wird nun der restliche Zementleim eingefüllt.

Diese Lücke sollte rundherum mindestens drei Zentimeter breit sein!

Mit einem dünnen Stab wird ein wenig in der Masse gestochert, damit sich Lücken darin schließen können. Gegebenenfalls wird noch etwas Zementleim nachgefüllt, die Formen werden dann zum Aushärten auf einen ebenen und waagerecht ausgerichteten Untergrund gestellt.

Tipp!

Alternativ kann die größere der beiden Kunststoffwannen vor dem Befüllen mit Zementleim mit einer Folie ausgelegt werden. Das erspart uns einerseits das Einölen, andererseits wird die Oberfläche des fertigen Troges leicht unregelmäßig, was dem Gefäß das Aussehen von bereits verwittertem Stein verleiht.

Achtung!

Zement härtet nicht bei Temperaturen um und unter dem Gefrierpunkt!

Je nach Außentemperatur ist der entstandene Torf-Betontrog nach zwei bis drei Tagen entsprechend ausgehärtet und kann nun vorsichtig aus seinen Formen entnommen werden.

Hierbei sollte man keinerlei Gewalt anwenden, sondern die Form sehr vorsichtig auf einem weichen Untergrund (Wiese mit Moos oder Ähnliches) umstürzen.

Will sich der Trog nicht gleich aus seiner Form lösen, könnte man es mit heißem Wasser versuchen, welches man von außen über die Kunststoffwanne gießt. Ungeduld ist hier völlig fehl am Platz, denn sie führt meist zu zerbrochenen Werkstücken. Im Zweifelsfall wartet man noch einen Tag länger und versucht es dann erneut!

Mit der gleichen Vorsicht geht man auch bei der Entnahme der inneren Form vor. Man biegt den Kunststoff, um ihn vom erhärteten Zement abzulösen, immer wieder nach innen und wendet auch hier keinerlei Gewalt an.

Heißes Wasser ist in diesem Fall jedoch absolut tabu!! Der Trog würde augenblicklich bersten, da die Innenform durch Ausdehnung gegen den Beton gedrückt würde.

Stattdessen könnte man es mit einem langen, flachen Messer versuchen, welches man in die Lücke zwischen Form und Beton schiebt. Mit viel Geduld und Ausdauer löst sich meist auch die hartnäckigste Form!

So lassen wir den Trog altern

Ganz besonders urig ausschauende Torftröge entstehen, wenn man die Oberfläche des Troges unmittelbar nach der Entnahme aus seiner Form manuell noch ein wenig bearbeitet.

Zum Schmirgeln und Bürsten mit einer Stahlbürste oder einem Edelstahlspiralreiniger (= Topfreiniger) sollte die torfige Oberfläche des Troges noch nicht vollständig ausgehärtet sein. Daher darf auf keinen Fall zu lange mit der Entnahme des Troges gewartet werden! Außerdem muss äußerst vorsichtig mit dem empfindlichen und bis dahin noch recht brüchigen Trog umgegangen werden, damit dieser keinen Schaden nimmt.

In der noch weichen Oberfläche des Troges können nun nach Belieben einige Rillen, Dellen oder Falten herausgearbeitet werden, sodass man glauben könnte, der Zahn der Zeit hätte jahrzehntelang an der betonharten Oberfläche des Troges genagt.

Das manuelle Bearbeiten der Trog-Oberfläche funktioniert, wie schon erwähnt, am besten

In eine große Kunststoffwanne wird der angerührte „Torf-Zement“ etwa fünf Zentimeter hoch eingefüllt.

Eine kleinere Wanne wird dort aufgesetzt und mit Gewichten beschwert.

Die Zwischenräume werden mit Zement aufgefüllt, anschließend wird der Zement mit einem Stab durch Stochern verdichtet.

Meist muss dann noch etwas Zement aufgefüllt werden.

Ein dunkel gefärbter Trog ist das bildschöne Ergebnis!

Mit einem Abzugsloch versehen, wachsen gerne Sukkulenten in den Torf-Trögen.

mit einem weichen Topfreiniger aus Edelstahl. Die Ecken und Kanten werden mit einer Stahlbürste abgerundet.

In nur wenigen Stunden schaffen wir es, aus einem frisch gegossenen Betontrog ein ausdrucksstarkes und recht eigenwilliges „Altertümchen" zu machen.

Sumpfpflanzen

Bach-Nelkenwurz (*Geum rivale*)
Blut-Weiderich (*Lythrum salicaria*)
Brunnenkresse (*Nasturtium officinale*) – braucht fließendes Wasser (tropfender Wasserhahn!)
Gelbe Binsenlilie, Grasschwertel (*Sisyrinchium californicum*)
Gelbe Scheincalla (*Lysichiton americanus*)
Gilbweiderich (*Lysimachia barystachys*)
Igelkolben (*Sparganium ssp.*) – seichtes Wasser!
Kalmus (*Acorus calamus*) – seichtes Wasser!
Kuckuckslichtnelke (*Lychnis flos-cuculi*)
Pfennigkraut (*Lysimachia nummularia*)
Prachtnelke (*Dianthus superbus*)
Schlüsselblume (*Primula veris*) – feuchter Boden!
Schwertlilie (*Iris pseudachorus*) – für größere Tröge!
Sumpfbinse (*Eleocharis ssp.*)
Sumpfdotterblume (*Caltha palustris*)
Sumpf-Gladiole, Sumpf-Siegwurz (*Gladiolus palustris*)
Sumpf-Kalla (*Calla ssp.*)
Sumpfprimel, Rosenprimel (*Primula rosea*)
Sumpf-Storchschnabel (*Geranium palustre*)
Sumpf-Wolfsmilch (*Euphorbia palustris*)
Trollblume (*Trollius europaeus*)
Vergissmeinnicht (*Omphalodes verna*)
Wasabi, Wassermeerrettich (*Eutrema japonicum*) – braucht fließendes Wasser (tropfender Wasserhahn!)
Wiesenschaumkraut (*Cardamine pratensis*)
Zweifarbgras, Schnabelried, Sterntänzergras (*Rhynchospora colorata*)

Tipp!

In wasserdichte Gefäße können auch Igelkolben und Kalmus gepflanzt werden.

Achtung!

Brunnenkresse und Wasabi gedeihen erst, wenn das zugefügte Wasser in Bewegung gerät. Tröge und Schalen, die unter einem tropfenden Wasserhahn stehen, bieten daher ideale Bedingungen für die normalerweise an Bachufern vorkommenden Pflanzen.

Pflanzenporträt: „Wasabi"

Der in Japan als Wildpflanze am Rande von Fließgewässern vorkommende Wasabi verdient auch in unseren mitteleuropäischen Breitengraden ein wenig Aufmerksamkeit. Japanischer Meerrettich oder Wassermeerrettich sind weitere Namen der ausdauernden krautigen Pflanzenart, die uns vor allem durch ihre Rolle als scharfes und von ihrem Geschmack ein wenig an Meerrettich erinnerndes Gewürz aus der japanischen Küche bekannt ist.

Bereits zeitig im Frühjahr treibt Wasabi, der sich lateinisch *Eutrema japonicum* nennt, seine dekorativen rundlichen bis nierenförmigen Blätter. Kurz darauf, etwa von März bis Mai, erscheinen die weiß blühenden, locker traubig angeordneten Blütenstände.

Zu kulinarischen Zwecken geerntet werden die vertikalen, fleischigen Rhizome der Pflanze. In ihnen sind die für seine unverwechselbare Schärfe verantwortlichen Senföle in der größten Konzentration vorhanden.

Aus den getrockneten Rhizomen wird in der Regel ein Pulver hergestellt, welches dann zu der typischen intensiv grünen „Wasabi-Paste" verarbeitet wird. Nach dem Genuss einer nur kleinen Menge dieser Paste stellt sich meist ein Schärfegefühl in Rachen und Nase ein, welches jedoch nur von kurzer Dauer ist.

In japanischen Restaurants wird das verdauungsfördernde Gewürz traditionell zu den Gerichten „Sushi" oder „Sashima" gereicht.

Wollen wir Wasabi im eigenen Garten kultivieren, gilt es, seine Vorliebe für fließendes Wasser zu beachten. Ein Plätzchen unter einem langsam tropfenden Wasserhahn reicht der Pflanze meist aus, damit sie sich auch bei uns langfristig wohlfühlt.

Den Sommer verbringt Wasabi am liebsten an einem kühlen, schattigen Ort. Ein Dasein im Kübel kommt der hübschen wie nützlichen Pflanze ebenfalls sehr gelegen, denn so könnte man sie rein theoretisch während der kalten Wintermonate ins Haus holen und ihr ein Quartier in einer frostfreien Garage oder in einem Treppenhaus einrichten. Denn leider ist Wasabi in unseren Breiten nur bedingt frosthart, was bedeutet, dass die Pflanze mindestens eine

Wasabi (Eutrema japonicum)

gute Abdeckung in Form eines wärmenden Vlieses benötigt. Holt man Wasabi während des Winters ins Haus, was zu empfehlen ist, muss die Pflanze auch während dieser Ruhezeit mäßig feucht gehalten werden.

Rhizom einer Wasabi-Pflanze

Bastelspaß mit leeren Getränke-Kartons

Leere Lebensmittelverpackungen überschwemmen Tag für Tag den Hausmüll. Mit ein wenig Kreativität und Fantasie könnten wir einen Teil des Verpackungsmaterials jedoch durchaus noch zum Gestalten einiger hübscher Pflanzgefäße für Haus und Garten verwenden.

In unseren vorgestellten Beispielen werden aus eckigen Getränke-Kartons charmante kleine Pflanztöpfe in unterschiedlichen Höhen und individuellem Outfit.

Auch Kindern macht das fantasievolle Gestalten der Getränke-Kartons Spaß! Dabei können sie ihr manuelles Geschick unter Beweis stellen und sich ihr ganz individuelles Gefäß zum Bepflanzen mit ihren Lieblingsblumen entwerfen.

Benötigtes Material

- ☐ Leere Getränke-Kartons
- ☐ Farbiges Klebeband (weiß, schwarz u. a.) oder Buntlack, Sprühfarben etc.
- ☐ Plaka- oder Wasserfarbe für eine Verwendung im Innenbereich
- ☐ Heißklebepistole
- ☐ Schere
- ☐ Klebstoff (Allzweckkleber und Kraftkleber)

und optional, je nach Wunsch-Dekor:

- ☐ Einige Meter Kordel
- ☐ Muscheln, Schneckenhäuser
- ☐ Kieselsteine
- ☐ Reste von alten Reetmatten
- ☐ Weitere Utensilien aus der Natur (gepresste Blüten und Blätter, Kastanien, große Samen von Buche, Linde etc.)
- ☐ Altes Silberbesteck oder kleine Geldstücke
- ☐ Farbige Dekosteine oder Granulate
- ☐ Nicht mehr benötigter Schmuck (Ketten, Armbänder etc.)
- ☐ Bastschnur
- ☐ Bunte Geschenkbänder
- ☐ Häkeldeckchen oder bunte Stoffreste

Vorgehensweise

Zunächst wird der obere Bereich der leeren Kartons mit einer spitzen Schere oder einem scharfen Messer abgetrennt.

Indem wir mal mehr und mal weniger vom Karton abschneiden sowie auch Kartons in unterschiedlicher Form verwenden, entstehen verschieden hohe Gefäße, die ansprechend miteinander kombiniert werden können.

Die Kartons werden mit einer Bürste gereinigt, zum anschließenden Bekleben oder Bemalen müssen sie vollständig getrocknet sein.

Unifarbene Untergründe!

Damit die Dekorationen auf dem Karton besonders gut zur Geltung kommen, geben wir den gut gesäuberten und getrockneten Kartons zunächst ein unifarbenes Aussehen. Dazu bekleben wir sie entweder mit farbigem Klebeband oder streichen bzw. besprühen sie mit einem wetterfesten Lack. Sollen die fertigen Pflanzgefäße nur im Innenbereich verwendet werden, kann hier auch Plakafarbe zum Einsatz kommen.

Die Bastelmaterialien sowie eine Schere, etwas Klebstoff und eine Heißklebepistole werden bereitgelegt. Ein empfindlicher Untergrund wird mit einer Folie oder einer alten Tischdecke vor Verunreinigungen geschützt.

Rustikal im Kordel-Look

Eine grobe Kordel wird von unten beginnend um den Karton gewickelt und dabei fortlaufend angeklebt. Bei Verwendung einer Heißklebepistole werden pro Kartonseite jeweils nur zwei oder drei kleine Tupfer geschmolzenen Heißkle-

Getränke-Kartons zuerst mit bunten Klebebändern umwickeln, anschließend mit Kordel, Reet, Münzen und vielem mehr verzieren!

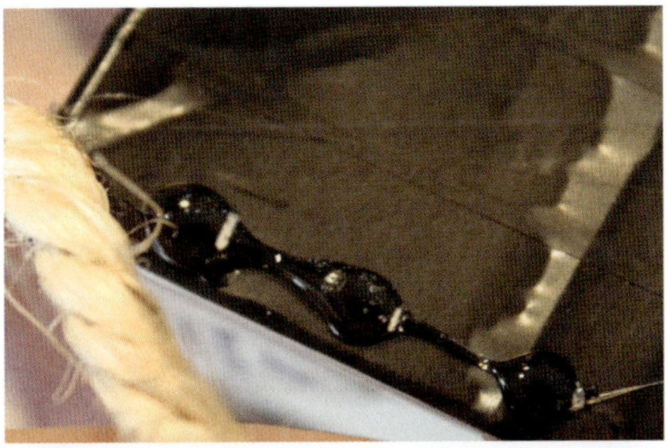

Heißkleber auftragen und die Kordel mit einem Spatel oder Löffelstiel einfach kurz andrücken!

ber auf den Karton aufgebracht und die Kordel darauf festgedrückt. So arbeitet man sich Runde für Runde nach oben hoch. Die Kordel wird so dicht gewickelt, dass der Karton darunter unsichtbar wird.

Achtung!

Um Verbrennungen zu vermeiden, verwendet man zum Andrücken der Kordel einen kleinen Spatel, den Stil eines Löffels oder Ähnliches! Flüssiger Heißkleber ist extrem heiß! Kinder bitte nicht alleine mit einer Heißklebepistole arbeiten lassen! Alternativ kann auch ein guter Kraft- oder Alleskleber verwendet werden.

Mit Muscheln und Steinen verzieren ...

Nirgends kann man die Seele so wunderbar baumeln lassen, wie bei langen Spaziergängen an den Ufern von Flüssen, Seen oder am Meer. Und man kommt niemals mit leeren Händen wieder nach Hause: Leere Muschelschalen, anmutige Schneckenhäuser oder auffallende Kieselsteine verlocken uns dazu, sie aufzuheben, nach Hause zu tragen und dort vielleicht sogar eine Sammlung aus ihnen anzulegen.

Beim Gestalten von Getränke-Kartons können wir nun einen Teil unserer Strandgut-Sammlungen dekorativ verarbeiten, indem wir Steine, Muschelschalen und kleine Schneckenhäuser in einem effektvollen Muster aufkleben.

Bei Verwendung einer Heißklebepistole reicht ein kleiner Tropfen des Heißwachses, die man von innen an das „Gelenk" der Muschelschale gibt, um die Muschel sicher am Karton zu befestigen.

Hornveilchen in einem mit Muscheln beklebten Getränke-Karton.

Kleine Muscheln und/oder Schneckenhäuschen zieren die Ränder und Ecken, die größeren Schalen die flächigen Bereiche des Kartons. Sind danach noch unerwünschte Lücken zwischen den Muscheln vorhanden, können in diese kleine Steinchen, Tongranulat oder Ähnliches eingeklebt werden. Ebenso ansehnlich lassen sich die Kartons auch mit flachen Kieselsteinen verzieren.

Tipp!

Sind Kinder beim Gestalten der Kartons mit dabei, sollte man Steine und Muscheln anstatt mit einer Heißklebepistole besser mit einem guten Kraft-Klebstoff oder einem Alleskleber auf den Karton kleben!

Reet und Kordel eignen sich zum „natürlichen" Dekorieren besonders gut!

Pflanz-Kartons in Schilf-Optik

Schilfhalme wirken in Verbindung mit dekorativen Pflanzen sehr natürlich und passen vor allem in naturnahe Gärten oder zu ökologisch optimierten Einrichtungsstilen.

Reste von Sichtschutzzäunen aus Reet- oder Schilfmatten werden in der Höhe der Kartonseitenwände zugeschnitten. Die Matte wird in zwei Lagen um den Karton gewickelt, damit sie blickdicht wird. Am oberen Rand sollten die Halme ein wenig überstehen, sodass man den Karton darunter nicht mehr sieht. Mit Kraftkleber oder Heißklebepistole werden zunächst die Halme sowie der Karton gut eingestrichen, anschließend einige Minuten trocknen gelassen. Nun wickeln wir die Reetmatte Stück für Stück um den Karton und drücken sie dabei jeweils gut fest. Es dauert weitere Minuten, bis die Matte am Karton haften bleibt, daher sollten wir sie in dieser Zeit immer wieder gut andrücken.

Zu rein dekorativen Zwecken können wir die Reet-Kartons noch wirkungsvoll mit einer Bastschnur umwickeln. Das schaut ein wenig verspielt aus und unterstreicht den Charakter kleinblütiger Pflanzen, wie Vergissmeinnicht oder Hornveilchen, die generell einen Hauch von Romantik in Haus und Garten bringen.

Tipp!

Anstatt einer Schilfmatte können auch Reste von Weidenzäunen um die Kartons gewickelt werden. Diese schneidet man mit einer normalen Gartenschere in Form und klebt sie mit einer Heißklebepistole am Karton fest!

Edel und ausgefallen: Pflanzgefäße in „Geld und Silber“ gefasst!

Eine witzige und dabei auch recht edel wirkende Gestaltungsidee stellen mit Euro-Cent-Stücken (1-, 2- und 5-Cent-Stücke) verzierte Gefäße dar. Auch ausländische alte Münzen sind teils sehr dekorativ!

Wir benötigen einige leere Getränke-Kartons, die zunächst auf eine gleiche Höhe zugeschnitten und mit unifarbenem Klebeband abgeklebt werden. Alternativ können wir die Oberfläche der Kartons auch mit Farbe bemalen oder einsprühen.

Mit Geldstücken beklebte Kartons sind ein immer gern gesehenes Geburtstagsgeschenk.

Besonders schön für den dekorativen „Geldsegen“ wirken dunkle Untergründe, die man entweder „Ton in Ton“ mit den Geldstücken, also messingfarben oder in verschiedenen Brauntönen gestaltet hat, oder man entscheidet sich für einen schwarzen Untergrund, auf welchem sich die Geldstücke besonders kontrastreich abheben.

Reinigung von Geldstücken

Alte Münzen bringt man blitzschnell wieder zum Glänzen, wenn man sie in ein Essigbad, dem man etwas Salz hinzugefügt hat, legt! Möchte man die Geldstücke noch ein wenig nachpolieren, so kann man dies mit einem Silberputztuch tun. Auch mit etwas Zahnpasta lassen sich Münzen wieder schön auf Hochglanz polieren. Bei sehr alten Münzen gelingt die Reinigung jedoch nur teilweise oder gar nicht mehr!

Wem es gefällt, der kann natürlich auch die ungereinigten, dunkler gefärbten Geldstücke aufkleben.

Am sichersten klebt man die Münzen mit der Heißklebepistole auf den Karton, mit einem Alleskleber ist dies jedoch ebenfalls möglich.

Das Ergebnis kann sich in jedem Fall sehen lassen. Die bepflanzten Geldkartons sind natürlich als Geschenk sehr beliebt und auch auf jeder Geburtstagsfeier der Hit!

Als passende Bepflanzung eignen sich Pflanzen mit kleinen Blüten, wie Myrte und Vergissmeinnicht, oder man wählt dekorative Grünpflanzen mit rötlich gefärbtem Laub, wie etwa rotblättrige Fetthenne, Hauswurz oder Purpurglöckchen.

Variante: Mit altem Silberbesteck verziert
Denkbar sind auch ausrangierte silberne Teelöffel oder Kuchengabeln, die man ebenfalls auf die Kartons aufkleben könnte. Die Besteckteile werden mit einem Silberputztuch auf Hochglanz poliert und dann reihum auf die Kartons geklebt. So ein edel verzierter kleiner Pflanzkarton macht sich natürlich besonders gut auf einem festlich gedeckten Tisch.

Die Bepflanzung sollte ebenfalls passend zum festlichen Anlass gewählt werden. Besonders vornehm wirken hier Pflanzen mit panaschiertem Laub, wie etwa der Ananas-Salbei oder grau belaubte Pflanzen, wie Blaue Weinraute oder Lavendel! Essbare Pflanzen haben den Vorteil, dass die Gäste das eine oder andere Blatt zum Würzen ihrer Speisen gleich vor Ort verwerten können.

Muschelketten machen nicht nur Kartons „strandfein"

Groß und Klein lieben es gleichermaßen, am Strand Muscheln zu suchen. Meist schauen wir uns nach ausgefallenen und unversehrten Muschelschalen um und lassen beschädigte links liegen. Um die Muscheln jedoch auf eine Kordel fädeln zu können, brauchen wir Muschelschalen mit einem Loch in der Nähe ihres „Gelenks". Sammeln wir also so viele „gelochte" Muscheln, wie wir nur können und stellen aus ihnen bezaubernde Muschelketten her!

Besonders dekorativ sind diese Ketten, wenn wir die Muscheln zuvor nach Farbe und/oder Größe sortiert haben. Diese Ketten können gar nicht lang genug werden, um sie dann schwungvoll um Gläser, Vasen, Krüge oder einen unifarben beklebten Getränkekarton zu wickeln.

Damit die einzelnen Schnüre nicht verrutschen, wickelt man sie entweder sehr stramm um das Gefäß und um einen vorhandenen Henkel eines Kruges oder man klebt sie mit einer Heißklebepistole (alternativ mit Sekundenkleber) punktuell an ihrem Untergrund fest. Nun setzen wir eine kleine Pflanze in das entstandene Gefäß. Ein Teelicht oder eine Kerze ist natürlich ebenfalls erlaubt.

Mit aufgefädelten Muscheln umwickelter kleiner Emailkrug

Abzugslöcher?

Gefäße, die im Freien stehen sollen, erhalten in jedem Fall ein Abzugsloch, das mit einem spitzen Gegenstand in den Boden des Kartons hineingebohrt wird.

Bei Kartons, die als Tischdekoration verwendet werden, verzichtet man auf ein Abzugsloch und füllt stattdessen etwas Kies oder Sand als Drainage in den unteren Teil des Kartons.

Selbstverständlich gibt es unzählige weitere Möglichkeiten, die leeren Kartons zu gestalten. Der Fantasie und dem eigenen Geschmack sollen hier keine Grenzen gesetzt sein. Als Anregung dient folgende kleine Ideen-Liste.

Weitere Ideen:

- Mit bunten Stoffen oder kleinen gehäkelten Deckchen bekleben
- Mit geprägten Folien bekleben
- Mit Acrylfarben oder -lacken bemalen oder besprühen
- Mit Kleister und buntem Transparentpapier verzieren
- Mit Kleister und Servietten verzieren
- Mit Kokosmatte oder Jute umwickeln, sowie einer Schleife aus Bastschnur
- Mit Knöpfen dekorieren
- Mit Perlen- und anderen Halsketten umwickeln
- Mit Muschelketten umwickeln

Bunt gestaltete Getränke-Kartons stehen zum Bepflanzen bereit!

Kunstvoll gestalten mit Mosaiken

Schon seit dem Altertum faszinieren Mosaikarbeiten den Menschen. Alte Mosaikbilder in historischen Gebäuden haben bis heute nichts von ihrer Schönheit und Anziehungskraft eingebüßt. Wir stehen staunend vor den imposanten Mosaikwerken und bewundern noch im Nachhinein den Fleiß und die große Kunstfertigkeit unserer Vorfahren.

Was auf den ersten Blick so hoch kompliziert aussieht, ist in der Umsetzung gar nicht mal so schwierig. Natürlich würden wir uns nicht gleich an die Abbildung eines anspruchsvollen Gemäldes wagen. Doch es gibt beim Legen von Mosaiken auch die Möglichkeit, mit ganz einfachen Mustern zu beginnen und sich langsam im Schwierigkeitsgrad „hochzuarbeiten".

Hier bewahrheitet sich das Motto „Learning by doing", sodass wir nicht lange zaudern, sondern einfach beginnen sollten. Wir brauchen nichts weiter, als ein paar Fliesenreste, etwas Fliesenkleber, eine farblich passende Fugenmasse und das entsprechende Werkzeug.

Benötigtes Material

- ☐ Fliesenreste (oder alternativ „fertige" Mosaiksteine) in verschiedenen Farben
- ☐ Nach oben offenes Gefäß aus Holz, Beton, Stein, Ton, Glas oder Keramik mit geraden oder runden Außenwänden
- ☐ Fliesenkleber
- ☐ Fugenmasse
- ☐ Hammer
- ☐ Mosaikzange
- ☐ Stoffbeutel

Vorgehensweise

Zunächst müssen wir die vorhandenen Fliesenreste – sollte es sich nicht bereits um fertige Mosaiksteine handeln – so zerkleinern, dass kleine, ungleichmäßig geformte Stückchen daraus entstehen.

Um einerseits die Oberfläche der Fliesen zu schonen, andererseits Verletzungen durch umherfliegende Splitter zu vermeiden, legen wir die Fliesen hierzu in einen Stoffbeutel und schlagen zunächst sehr vorsichtig mit einem Hammer darauf. Zwischendurch sollte man immer wieder in den Beutel schauen und die bereits von ihrer Größe passenden Stücke heraussammeln, damit diese unabsichtlich nicht noch weiter zerteilt werden.

Mit einem Hammer werden die Fliesen im Stoffbeutel zerkleinert.

Eine Mosaikzange ist hilfreich beim Zuschneiden der einzelnen Mosaiksteine.

Mit Fliesenkleber werden die Mosaik-Blüten auf den Topf geklebt.

Sind ausreichend viele Fliesenstückchen entstanden, legt man diese schön ordentlich und nach Farben sortiert auf der Arbeitsfläche aus.

Zum Bekleben geeignete Gefäße haben im Idealfall gerade Außenwände. Blumenübertöpfe aus Keramik, Ton oder Glas kommen ebenso in Frage, wie auch bepflanzbare Gegenstände aus Holz, Beton oder Stein.

Sollen von ihrer Form her sehr rundliche Töpfe mit einem Mosaik verziert werden, so ist dies zwar ebenfalls möglich, allerdings dürfen die verwendeten „Mosaik-Steinchen" dann nicht größer als etwa zwei Zentimeter im Durchmesser sein.

Um später nicht unnötig in Zeitnot zu geraten, sollte man schon vorab einige Muster „im Trockenen" ausprobieren. Zunächst beginnt man mit einfachen Motiven, wie Kreisen, Rechtecken etc. Künstlerisch Begabte wagen sich meist schon recht bald an kompliziertere Bilder. Besonders beliebt sind Symbole (Kreuz, Mond, Kreis, Herz, Stern etc.), Blüten, Blätter oder auch einfache Tiermotive (Fisch, Elefant, Schlange etc.). Eine Mosaikzange kann das Legen dekorativer Motive erleichtern, indem größere Fliesenstücke mit ihrer Hilfe in eine bestimmte Form gebracht werden können.

Die zu beklebende Fläche sollte sauber und fettfrei sein.

„Im Trockenen" legen wir die Mosaiksteinchen zu unserem Wunschmotiv auf dem Tisch aus. Das muss noch nicht perfekt sein und kann vorerst nur „im Groben" geschehen, um einerseits zu sehen, ob wir eine ausreichende Menge an Mosaikteilchen für unser Mosaikbild beisammen haben und andererseits, um den Zeitaufwand einschätzen zu können, den wir benötigen, um das Bild Stück für Stück zusammenzufügen.

Sicherheitshalber wird zunächst nur eine kleine Menge Fliesenkleber mit Wasser zu einem dickflüssigen Brei angerührt und auf einer etwa fünf mal fünf Zentimeter großen Fläche etwa vier bis fünf Millimeter dick aufgetragen.

Die vorbereiteten Fliesenstücke werden nun auf den Kleber aufgebracht, die Steinchen dabei leicht angedrückt.

Zwischen den einzelnen Steinen sollten gleichmäßig große Abstände von etwa zwei Millimetern eingehalten werden. Es sollte ebenfalls

In die Zwischenräume werden unifarbene Fliesenstücke eingefügt.

Fugenmasse wird mit einem Gummihandschuh in die Zwischenräume einmassiert.

darauf geachtet werden, dass die Oberfläche der Mosaiksteinchen schön ebenmäßig ist.

Auf diese Weise fährt man Stück für Stück fort, bis das Mosaikbild vollständig zusammengesetzt worden ist.

Man führt eine letzte Kontrolle durch, ob auch alle Steinchen an ihrem Platz sind und lässt die Arbeit dann einen Tag lang ruhen. Der Kleber muss ausreichend getrocknet sein, bevor es ans Verfugen der Zwischenräume geht.

Optisch ansprechend sind Fugen in einem ähnlichen Farbton wie der des Mosaiks. Im Zweifelsfall wählt man die Fugenfarbe eine Nuance dunkler als das Mosaik. Das verbindet die Farben miteinander und lässt das Mosaikbild insgesamt einheitlicher erscheinen.

Die dick-zähflüssig angerührte Fugenmasse wird am einfachsten per Hand mit einem Gummihandschuh aufgetragen. In kreisenden Bewegungen massiert man die Masse anschließend mit einem Schwämmchen in die Zwischenräume ein und achtet darauf, dass keine Luftbläschen darin zu erkennen sind. Alle Lücken zwischen den Mosaiksteinchen müssen komplett mit Fugenmasse aufgefüllt werden.

Je nach Raum- oder Außentemperatur beginnt die Masse nach etwa 20 bis 40 Minuten zu erstarren. Im Fachjargon spricht man auch davon, dass sie „anzieht".

Nun ist der Augenblick gekommen, in dem man das fertige Mosaik mit einem trockenen Lappen oder Schwamm von den Resten der Fugenmasse befreien kann: Die fertige Arbeit

Nach dem Trocknen der Fugenmasse wird das Mosaik mit einem Tuch gesäubert.

erscheint in ihrer ganzen Schönheit und erfüllt uns – sofern alles gut geklappt hat – mit Freude und Stolz!

Je nach Größe des entstandenen Gefäßes sowie im Einklang mit Farben und Mustern werden nun noch die Pflanzen ausgewählt, welche mit dem Mosaiktopf besonders schön harmonieren. Ein Mosaiktopf zieht in jedem Fall alle Blicke auf sich und bezaubert durch seine „erzählerische“ Aussagekraft!

Bezaubernder Blüten-Mosaiktopf

Die „Hauswurz-Pyramide“

Tontöpfe oder Schalen in unterschiedlichen Höhen und Größen ergeben, ineinander gestellt, ein vertikal in die Höhe ragendes und sich nach oben hin verjüngendes Pflanzgefäß.

Je nach Größe der entstandenen Flächen werden hier dekorativ Hauswurz und Sedum-Arten eingesetzt oder alternativ auch Walderdbeeren, die durch die Bildung zahlreicher Ausläufer die Pyramide gekonnt in Szene setzen. An schattigen Standorten erfüllt das Zimbelkraut (Foto auf S. 47) einen ähnlichen Zweck.

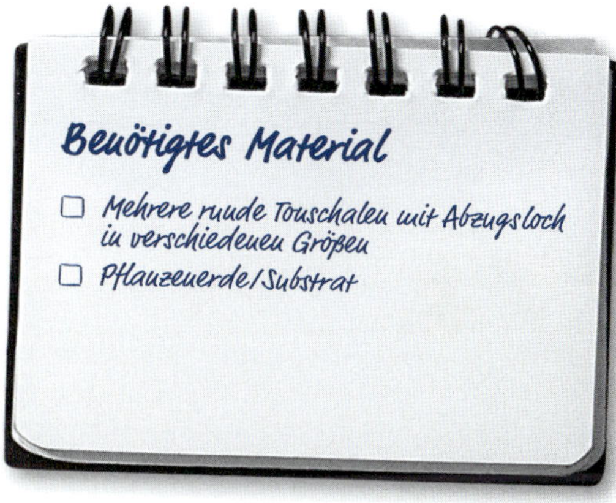

Vorgehensweise

Zunächst wird die Tonschale mit dem größten Durchmesser zu etwa drei Viertel ihrer Höhe mit grobem Substrat gefüllt. Die verwendete Erdmischung darf gerne auch über einen leicht erhöhten Kies- und Sandanteil verfügen (vgl. hierzu Kapitel „Das Substrat“ auf S. 24).

Die zweitgrößte Schale wird nun mittig auf das Substrat gestellt und ebenfalls zu drei Viertel mit der Erdmischung gefüllt. So fährt man mit allen weiteren Schalen der Größe nach absteigend fort, bis die Pyramide komplett ist.

Anschließend füllt man alle Schalen bis zu ihrem oberen Rand mit Pflanzsubstrat auf, drückt

Die größte Schale wird bis zu ¾ ihrer Höhe mit Substrat gefüllt.

Erst nach dem Aufstellen der Pyramide wird das restliche Substrat eingefüllt.

Hauswurz wird eingesetzt.

Anbau in Pflanzterrassen

die Erde leicht fest und setzt die Pflanzen auf den entstandenen Pflanz-Terrassen ein.

Nachdem man die bepflanzte Pyramide gut angegossen hat, bleibt nur noch eines zu tun: Abwarten und das Geschehen im Auge behalten!

Sempervivum (Hauswurz) und kleinere Sedum-Arten (Fetthenne) dürfen die Pyramide nun nach Belieben ausfüllen und gerne auch mit ihren Polstern oder Rosetten überwuchern. Die Überlebenskünstler tun dies auch äußerst apart und lassen mit Sicherheit keinen einzigen Zentimeter der vorhandenen Erdoberfläche unbedeckt.

Kaum ist eine Hauswurz-Rosette nach der Bildung eines wunderschönen Blütenstängels zugrunde gegangen, wartet schon eine ganze „Kinderschar" darauf, den frei gewordenen Platz alsbald einzunehmen.

Auch Hauswurz braucht gelegentlich ein wenig Dünger! Es reicht aus, ein- bis zweimal im Jahr etwas Komposterde über die Pyramide zu streuen.

Zerbrochene Töpfe

„Zerbrochene Töpfe“ sind eine erfrischend kreative Garten-Idee aus England: Dort sind die sogenannten „broken pods“ inzwischen recht populär, ihre individuelle Gestaltung immer wieder ein echter Hingucker!

Doch es gibt ja auch hierzulande Töpfe, die zu Bruch gehen. Durch den Blick ins Innere des Topfes, ermöglicht durch ein herausgebrochenes Teilstück aus der Topfwand, eröffnen sich zauberhafte kleine „Topf-Welten“, bei denen es sich um eine zerklüftete, urige Felslandschaft, um ein Häuschen am Waldrand, um geheimnisvolle mit Moos bewachsene Stufen, die zu einem verwunschenen Garten führen, oder um vieles mehr handeln kann.

Bei der Gestaltung sei im Besonderen auf die Pflanzenliste auf Seite 16 hingewiesen. Darüber hinaus können natürlich weitere Pflanzen sowie Moospolster, Tannennadeln oder verschiedenfarbige Granulate als Bodenbelag eingesetzt werden.

Zu rein dekorativen Zwecken werden zusätzlich zur Bepflanzung kleine Miniatur-Gebäude (Häuser, Kirchen etc.), Figuren sowie weitere Accessoires (Bänke, Töpfe etc.) in die entstandene Landschaft integriert. Auf Flohmärkten oder in der Spielkiste der Kinder kann hier nach entsprechendem Zubehör gestöbert werden.

Die Gestaltung der Gefäße macht großen und kleinen Gärtnern gleichermaßen Spaß!

Und sollte einfach kein geeigneter Topf zerbrechen wollen, so dürfen wir hier auch mit dem entsprechenden Werkzeug ein wenig nachhelfen. Wie das am besten funktioniert, zeigen wir ebenfalls in nachfolgender Anleitung.

Benötigtes Material

- ☐ 1 einseitig beschädigter Tontopf inklusive der herausgebrochenen Tonscherben
- ☐ Niedrig wachsende Pflanzen (Hauswurz, Mauerpfeffer, Sternmoos usw.)
- ☐ Moospolster, Tannennadeln, Granulate etc.
- ☐ Kleine Figuren, Häuser etc.
- ☐ Kieselsteine, kleine Äste u. v. m.
- ☐ Winkelschleifer mit spezieller Diamantscheibe (für Stein und Fliesen)
- ☐ Hammer oder kleine Axt
- ☐ Schutzbrille

Vorgehensweise

In den meisten Fällen ist kein entsprechender Topf mit einer einseitigen Beschädigung vorhanden, sodass wir auf Töpfe mit kleinen Macken und Sprüngen zurückgreifen wollen, die wir zu einem idealen „broken pod“ umfunktionieren.

Zunächst schauen wir uns die vorhandene Beschädigung des ausgewählten Blumentopfes an. Wir müssen nun festlegen, wie groß das „herausgebrochene“ Stück in etwa sein soll.

Gezielt werden wir nun mit einem Winkelschleifer einige „Sollbruchstellen“ in den Topf sägen, damit der Topf nicht unkontrolliert entzwei brechen kann.

Zum fachgerechten Sägen benötigen wir eine spezielle Diamantscheibe für Stein und Fliesen. Mit ihr können wir dem Tontopf tatsächlich ganz gezielt einige Schnitte „zufügen“, sodass sich ein zuvor festgelegtes Teilstück aus ihm herausbrechen lässt.

Achtung!

Beim Arbeiten mit einem Winkelschleifer unbedingt Schutzbrille zur Vermeidung von Verletzungen tragen!

Mit einem Winkelschleifer werden einige „Sollbruchstellen" in den Topf gesägt.

Erde wird in den zerbrochenen Topf gegeben.

Es ist geschafft! Unser Tontopf hat nun ein beachtliches „Leck" in seiner Topfwand, welches den Blick in sein Inneres freigibt. Nun kann es also ans Gestalten der Topflandschaft gehen.

Wir verwenden ein gutes Kübelpflanzensubstrat (siehe S. 24) und füllen zunächst den Boden des Topfes damit auf.

Mit einzelnen Tonscherben können wir das Gelände nun plastisch gestalten, indem wir kleine Terrassen abstützen oder Wege seitlich begrenzen. Man sollte sich beim Modellieren der Topflandschaft schon genügend Zeit nehmen. Wenn erst die Pflanzen eingesetzt worden sind, wird es umso schwieriger, Änderungen am Untergrund vorzunehmen. Vor dem Bepflanzen kann der Innenraum des Topfes jedoch nach Lust und Laune modelliert und immer wieder neu gestaltet werden. Falls die zur Verfügung stehenden Tonscherben zu groß sind, können diese mit einem Hammer oder einer kleinen Axt zerkleinert werden. Mit einer Axt funktioniert dies meist sehr zielgenau.

Viele verschiedene Themen können beim Gestalten der „Zerbrochenen Töpfe" aufgegriffen werden.

Einige Beispiele zur Gestaltung von Topflandschaften:

- Ein geschlängelter Weg führt zu einem Miniatur-Gebäude, vorbei an Terrassen, die von kleinen Trockenmauern gestützt werden, auf den mit Sternmoos gebildeten Grasflächen grasen Ziegen oder Schafe (kleine Spielfiguren!).
- Ein in Terrassen angelegtes Campingplatz-Gelände mit Miniatur-Zelten oder Wohnwagen – auf die Terrassen könnte Gras gesät werden, welches

Mit Tonscherben werden Terrassen abgestützt und Wege begrenzt.

Moospolster können als „Wegbelag" verwendet werden.

dann sprichwörtlich mit der (Nagel-) Schere geschnitten werden müsste.

- Eine Mini-Seenlandschaft mit kleinen Teichen, wozu flache, blaue Schälchen in die Erde der einzelnen Terrassen eingesetzt werden. Moospolster und klein bleibende Gräser fassen die Miniatur-Gewässer reizvoll ein.
- Ein Wald – bestehend aus Zwerg-Koniferen – auf der höchsten Terrasse im Topf, davor kuschelt sich ein romantisches Miniatur-Gebäude, Stufen (aus Steinen oder Hölzern gebildet) schlängeln sich den Hang hinauf und laden zu einer (fiktiven) Klettertour ein.

Es gibt unzählige kreative Möglichkeiten der Gestaltung von „Zerbrochenen Töpfen"!

Auf den Terrassen wächst Hauswurz.

Pflanzen in Flaschenhälsen haben immer zu trinken

Eine nette Idee für die Fensterbänke von Menschen, die sich nicht regelmäßig um ihre Pflanzen kümmern können, sind in umgedrehte Flaschenhälse gepflanzte Zimmerpflanzen, die man in ein mit Wasser gefülltes Gefäß stellt.

Durch die Sogwirkung im engen Flaschenhals herrscht in diesem Pflanzen-System selten Wassermangel, da sich die Pflanzen aus einem Wasserreservoir bedienen können. Andererseits entsteht auch nicht so leicht eine stauende Nässe, da sich der bepflanzte Teil der abgesägten Flasche ein Stück oberhalb des Wasserspiegels befindet.

Die Flaschenhals-Gärten sind einfach ideal, um bei der Pflanzenpflege kurze Abwesenheitszeiten zu überbrücken und daneben auch eine kreative Art, Fensterbänke aller Art interessant zu dekorieren.

Vorgehensweise

Um ein Splittern der Flasche zu verhindern, kleben wir die Schnittstelle rundherum mit mehreren Lagen Kreppband ab.

Damit wir die Flaschenhälse rundum schön gleichmäßig absägen, markieren wir die Schnitthöhe zuvor mit einem Bleistift.

Achtung!

Unbedingt Schutzbrille aufsetzen, um Verletzungen durch fliegende Glassplitter zu verhindern!

Um die Flaschenhälse abzusägen, benutzen wir einen Winkelschleifer mit einer fein gekörnten speziellen Diamantscheibe für Kacheln und Fliesen.

Mit einem Winkelschleifer wird eine Bierflasche an einer zuvor markierten Stelle sauber durchtrennt.

Mit wenig Druck und mittlerer Drehzahl setzen wir den Winkelschleifer nun rundherum an und trennen den Flaschenhals vom Rest der Flasche.

Wurde der Flaschenhals sauber abgetrennt, entfernen wir die Reste des aufgeklebten Kreppbandes.

Anschließend füllen wir eine gute Pflanzerde in die größere Öffnung des Flaschenhalses. Damit das Substrat nicht aus der engen Seite des Flaschenhalses herausfallen kann, sollte es vor dem Einfüllen gut angefeuchtet werden.

Wir können nun kleine Pflanzen in die umgedrehten Flaschenhälse setzen und stellen diese in ein mit Wasser gefülltes Glas. Sollte das verwendete Glasgefäß wesentlich größer als der Flaschenhals im Durchmesser sein, füllen wir Steine, Muscheln, Sand oder Glasmurmeln als Stütze ein und klemmen den Flaschenhals dazwischen ein.

Kreppband verhindert ein Splittern des Glases.

Die kreative „Schuh-Werkstatt“

Eine nette Idee, nicht nur für Kindergeburtstage, ist das fantasievolle Gestalten von Schuhen aller Arten.

Die mit Muscheln, Perlen, Steinen, Kordel, Moosgummi, Servietten und vielem mehr beklebten Kunstwerke werden später dekorativ mit Pflanzen bestückt und zieren mit erfrischendem Charme den Garten, die Terrasse oder eine Fensterbank.

Benötigtes Material

- ☐ Einige nicht mehr benötigte Schuhe mit ausreichend großem Innenraum zum Bepflanzen
- ☐ Heißklebepistole oder alternativ ein Kraft- oder Alleskleber
- ☐ Kleister
- ☐ Weicher Pinsel
- ☐ Material zum Dekorieren (kleine Muscheln, dekorative Flusskiesel, glatt geschliffene Glasscherben vom Flussufer, Knöpfe, bunte Granulate, Moosgummi, Zeitungspapier, bunte Servietten, Plakatfarben u. v. m.)

Vorgehensweise

Beim Dekorieren der Schuhe oder Stiefel ist unsere Kreativität gefragt. Strenge Vorgaben gibt es nicht. Erlaubt ist, was gefällt!

Der gläserne Schuh

Wer gerne am Wasser ist und Entspannung bei einem Strandspaziergang sucht, der schaut meist schon automatisch nach all den kleinen

Ein Paar nicht mehr benötigte Schuhe als Ausgangsmaterial für ein schönes Pflanzgefäß.

Mit einem Lackspray wird ein heller Untergrund erzeugt.

und größeren „Schätzen", die der Fluss oder die Meeresbrandung ans Ufer spült, hebt das eine oder andere Teil gerne auf und trägt es hoffnungsfroh nach Hause.

An Flussufern besonders zahlreich vorhanden sind Glasscherben von zerbrochenen Flaschen. Zunächst noch scharf und gefährlich für Barfuß-Läufer, verlieren die Scherben nach einem längeren Aufenthalt im strömenden Wasser eines Flusses ihr Verletzungspotenzial: Sand und Wasser haben die Scherben abgeschliffen. Ihre Oberfläche ist nun matt, ihre „Schnittkanten" rundherum schön abgerundet.

Hat man ganz viele von ihnen gesammelt, machen sich diese mattierten Glasscherben auch in Haus und Garten richtig gut als Abdeckung für Blumentöpfe oder als dekorative Füllung in einer flachen Schale.

Wie gut, dass die Sammelleidenschaft in unserer Familie recht häufig vorkommt, sodass ich eine ganze Schale solch dekorativer selbst gesammelter Glasscherben von meiner Schwester Brigitte bekam. Der Bastelspaß konnte demnach sogleich beginnen! Wollen wir die Scherben dicht nebeneinander auf einen Schuh oder einen Stiefel kleben, funktioniert dies am besten mit einem guten Alleskleber.

Den schönsten Effekt erhält man auf hellen Untergründen, sodass wir auch bei unserem ausgewählten Schuh darauf achten sollten, dass dieser entweder von vornherein schon hell gefärbt ist oder wir diesen farblich verändern müssen.

Da es selbst durch die mattierten Glasscherben noch leicht hindurchschimmert, wäre ein zu dunkler Untergrund daher nicht zu empfehlen.

Am einfachsten funktioniert das Einfärben eines dunklen Schuhs mit einer hellen Lackfarbe aus der Dose. Es sollte sich dabei jedoch unbedingt um eine witterungsbeständige Farbe handeln, damit unser Schuh später auch im Garten verweilen kann.

Weiß oder Silber wirken unter dem Glas als Untergrund besonders schön!

Nun sortieren wir die gesammelten Glasscherben zunächst auf der Arbeitsfläche und

Gleich einem Mosaik werden die Glasscherben auf den Schuh geklebt.

legen sie ordentlich nebeneinander aus. Sie sollten griffbereit zur Verfügung stehen, da wir die Scherben nun, wie bei einem Mosaik, Stück für Stück und dicht nebeneinander auf unseren Schuh kleben wollen.

Das Gute an den Flaschen-Bruchstücken ist ihre leicht gewölbte Form, sodass sie sich meist gut an die Form eines Schuhes anschmiegen.

Beim Auswählen der passenden Scherben sollte man sich unbedingt Zeit lassen, damit diese auch optisch schön zueinander passen und auf dem Schuh später quasi wie eine „zweite Haut“ wirken.

Ist die gesamte Oberfläche des Schuhs möglichst lückenlos mit Glasscherben besetzt worden, erhalten wir schließlich einen wahrhaft märchenhaften „Gläsernen Schuh“, den wir nun ganz romantisch bepflanzen und in Szene setzen können.

Unser in weiß, türkis und grün gehaltener Glasschuh wurde Ton in Ton mit Echeverien und dem Spatelblättrigen Garten-Fettblatt bepflanzt.

Alte, nicht benötigte Schuhe und Stiefel können äußerst vielseitig gestaltet werden. Auf Kindergeburtstagen sind schon die ungewöhnlichsten Ergebnisse zustande gekommen.

Weitere Schuh-Gestaltungs-Beispiele:

- Aus Zeitungspapier und Wasser werden dünne Schlangen geformt. Mit einem Allzweckkleber können diese „Zeitungsschlangen“ nun auf die Schuhe aufgeklebt und anschließend mit Plakafarben bunt bemalt werden – dieses Beispiel ist nicht wetterfest!
- Muscheln und Schneckenhäuser werden entlang einer Linie auf den Schuh aufgeklebt.
- Aus verschiedenfarbigem Moosgummi werden Herzen ausgeschnitten und „kreuz und quer“, sich teils überlappend, auf die Oberfläche des Schuhs geklebt.
- Mit Kleister werden dünne Lagen bunt bedruckter Servietten auf der Schuhoberfläche aufgeklebt – nicht wetterfest!

Servietten-Technik

Servietten gibt es in einer schier unendlichen Vielfalt. Sie sind zum Teil mit so wunderschönen Motiven bedruckt, dass sie uns oft viel zu schade für den Einmalgebrauch erscheinen. Möchten wir einen Schuh in Servietten-Technik gestalten, werden einzelne Motive zunächst aus der Serviette ausgeschnitten. Da jede Serviette aus mehreren Lagen Papier besteht, werden nun im zweiten Schritt die beiden unbedruckten weißen Papierlagen von der Rückseite der ausgeschnittenen Motive entfernt. Übrig bleibt nun eine hauchdünne, bunt bedruckte Lage Papier. Nur diese wird schließlich auf dem Schuh aufgeklebt.

Hübsche Motive werden aus Servietten ausgeschnitten.

Die Motive werden mit Kleister auf den Schuh geklebt.

Im nächsten Arbeitsschritt wird eine kleine Menge Tapetenkleister nach Anweisung angerührt und für ein paar Minuten stehen gelassen. Es entsteht ein zähflüssiges Gel.

Die ausgeschnittenen Motive werden auf dem Schuh dekorativ arrangiert und sogleich sehr vorsichtig mit Kleister eingepinselt. Man achte darauf, dass das hauchdünne Papier dabei keine Falten bildet. Der Kleister sollte ohne jeden Druck auf die Servietten gegeben werden, da das zarte Papier, wenn es befeuchtet wurde, extrem schnell einreißt.

Auf die beschriebene Weise werden nun weitere Motive angelegt und mit Kleister ein-

Bepflanzter „Servietten-Schuh"

gepinselt. Nach Möglichkeit sollten sich die Serviettenabschnitte dabei nicht überlappen!

Während des Trocknens sollte man äußerst vorsichtig mit dem beklebten Schuh umgehen. Das vom Kleister durchweichte Papier der Servietten bleibt noch so lange überaus empfindlich, bis es vollständig getrocknet ist und sollte während dieser Phase nach Möglichkeit nicht – oder nur sehr vorsichtig – berührt werden.

Erst nach dem vollständigen Trocknen kann der Schuh schließlich auch bepflanzt werden.

Zwar kann der Schuh auch im Freien stehen, doch während stärkerer Regenfälle sollte man ihn besser ins Haus holen.

Das Mini-Hochbeet aus Holzresten

In den Fluten großer Flüsse werden allerhand Gegenstände oft über weite Entfernungen transportiert. Kennen wir die richtig guten Sammelplätze an Ufern und Stränden, können wir darauf vertrauen, dass wir auf der Suche nach „Strandgut“ mit Sicherheit fündig werden.

Wohnen wir in Flussnähe, so machen wir uns doch gleich auf den Weg, um am Ufer nach geeignetem Material für unsere Hobby-Werkstatt Ausschau zu halten. Die besten Erfolgsaussichten haben Schatzsucher nach Hochwässern, sobald die Wassermassen wieder im Rückgang begriffen sind.

Am Ufer des Rheins etwa konnten schon echte Schätze geborgen werden.

In Köln-Rodenkirchen fand ein Spaziergänger unlängst ein Teilstück eines Stoßzahnes, der einst einem urzeitlichen Mammut gehört hatte! Kaum zu glauben, aber wahr!

Neben historischem Elfenbein gibt es an Flussufern aber noch weit mehr Schätze zu entdecken. Von glatt geschliffenen Glasscherben und Flusskieseln sprachen wir bereits. Nun wollen wir nach makellos geformtem Treibholz suchen. Schön glatt und frei von Rinde sollen die Holzstücke sein. Man sollte ihnen gleich ansehen, dass sie dem Fluss bereits über einen längeren Zeitraum als Spielzeug gedient hatten.

Aus den Treibholzstücken und weiterem Material bauen wir uns ein kleines Hochbeet, welches allerdings nicht wirklich „hoch“ ist, sondern von seiner Größe her eher einem gewöhnlichen Pflanzkübel entspricht. Es handelt sich daher um eine dekorative Miniatur eines Hochbeetes, welche aufgrund ihrer mannigfaltigen Ausführungsmöglichkeiten viel Spielraum für eigene kreative Ideen lässt.

Benötigtes Material

- ☐ Einige etwa 40 Zentimeter lange dekorative Treibholzstücke
- ☐ Weitere gerade gewachsene Äste, Brettchen oder Balken in gleicher Länge
- ☐ Spaten, kleiner Vorschlaghammer oder Fäustel

Vorgehensweise

Vermutlich brauchen wir mehrere längere Spaziergänge am Ufer eines größeren Flusses sowie eine Räum- oder Entrümpelungsaktion in Haus und Garten, um eine ausreichend große Anzahl schmaler Treibholzstücke, Holzleisten, Äste sowie weiteres geeignetes Material beisammen zu haben, mit welchen wir uns ein schickes kleines „Hochbeet“ bauen können.

Dazu legen wir zunächst den Standort des Beetes fest. Dieser sollte gut besonnt und frei

An einem Fluss gesammeltes Treibholz

Aststücke und dekorative Holzstecker werden „im Karree" in den Boden eingelassen.

von größeren Wurzeln im Boden sein. Wie sein Vorbild, das etwa 80 Zentimeter hohe Original-Hochbeet, ist auch das Mini-Hochbeet nach unten hin offen und hat daher Kontakt mit dem gewachsenen Erdreich.

Mit einem Spaten heben wir nun eine etwa 20 Zentimeter tiefe Grube in der Größe der späteren Grundfläche des Beetes aus.

An den Rand dieser Vertiefung werden Äste, Leisten und Treibholzstücke mit einem kleinen Vorschlaghammer oder einem Fäustel in die Erde getrieben. Hierbei können wir auch Längenunterschiede des verwendeten Materials ausgleichen.

Da ich viele verschiedene Materialien miteinander kombinierte, sah dies zunächst ein wenig chaotisch aus. Durch häufiges Probieren, welche Hölzer oder Leisten miteinander am schönsten harmonieren, sowie durch Angleichen der Höhenunterschiede wurde aus dem unterschiedlichen Material dann schließlich doch noch eine optisch recht ansprechende Umhüllung für Blumen, Kräuter oder gar Gemüse.

Mitunter musste auch zur Säge gegriffen werden, um allzu lange Hölzer auf das benötigte Maß zu bringen.

Ist die Umrandung des kleinen Hochbeetes komplett, füllt man die zuvor ausgehobene Erdmasse wieder rund um die Hölzer bis zur Höhe des vorherigen Erdniveaus auf. Die Erde wird nun von innen und außen gut festgedrückt und schon kann mit dem weiteren Befüllen des kleinen Hochbeetes begonnen werden. Hierzu verwenden wir ein nahrhaftes Substrat, wie etwa fein gesiebter reifer Kompost oder eine gute Gartenerde.

Je nach Größe des Beetes und Höhe der Hölzer können wir das Mini-Hochbeet beliebig mit Blumen, Kräutern oder sogar Gemüse einsäen oder bepflanzen.

Die eingesetzten Pflanzen werden hier besonders üppig gedeihen und sich mit ihren Wurzeln über das eingefüllte Substrat hinaus auch ein Stück weit in den Boden wagen.

Im hier vorgestellten Beispiel waren es am Ende vor allem die weiß lackierten Pflanzenstecker, welche seit Jahren in meinem Keller recht fruchtlos gelagert worden waren, die dem Beet das gewisse „Extra" verliehen und es zu einem erfrischenden Farbtupfer im Garten machten.

Selbst gestaltete Mini-Hochbeet-Umrandung

Tipp!

Für eine längere Haltbarkeit räumen wir das Beet am Ende des Gartenjahres ab und lagern die Hölzer an einem trockenen Ort in einem Karton. Im Frühjahr bauen wir das Beet dann erneut an einer beliebigen Stelle im Garten auf. Sind einzelne Teile seiner Umrandung morsch geworden, tauschen wir sie einfach gegen neue aus. So entstehen immer wieder neue Mini-Hochbeet-Varianten.

Das Mini-Hochbeet wurde mit Astern und Kräutern bestückt.

Variante: Mini-Hochbeete aus alten Tonziegeln

Noch viel einfacher zusammengesetzt sind aus alten Tonziegeln zusammengefügte Mini-Beete. Die kleinsten von ihnen bestehen lediglich aus vier alten Ziegeln und bilden dennoch einen sehr charmanten Rahmen für blühende Blumen.

Wie groß und hoch diese kleinen Ziegel-Beete werden sollen, hängt vom vorhandenen Platz, der zur Verfügung stehenden Menge an Ziegeln und der Art der Pflanzen ab, die wir innerhalb der Ziegel-Umrandung kultivieren möchten.

Das Gute an diesen nostalgischen Pflanzringen: Sie lassen sich ganz leicht wieder abbauen und nach Belieben an eine andere Stelle im Garten versetzen.

Aus Alt mach' Bunt – Holzkisten lackieren

Kleine Pflanzkisten aus Holz wirken meist schon nach einer einzigen Saison im Freien recht an- und abgegriffen. Wind und Wetter haben deutlich ihre Spuren an dem zuvor noch so hübsch anzusehenden Holz der Pflanzkübel hinterlassen. Auch so mancher Farbanstrich beginnt abzublättern, sodass die meisten dieser Pflanzgefäße früher oder später in der Mülltonne landen, was doch eigentlich viel zu schade ist.

Es braucht nicht viel, um die kleinen Kisten aus Holz wieder zu echten Schmuckstücken zu machen. Ein neuer, kreativer Farbanstrich oder/und einige hübsche Schilder mit Gartenmotiven bewirken hier meist wahre Wunder!

Benötigtes Material

- ☐ Kleine verwitterte Holzkisten und -schalen
- ☐ Wetterfeste Farben (Holz-Lack, Acryl u. a.), auch Sprühfarben
- ☐ Kleine Schilder mit Garten-Motiven, alte Kacheln o. Ä.
- ☐ Pinsel
- ☐ Ev. etwas Folie zum Auslegen der Kisten
- ☐ Ev. Handtacker

Vorgehensweise

Die Pflanzkästen sollten sauber und trocken sein, bevor mit dem Anstrich begonnen wird!

Falls nicht vorhanden, werden sie innen mit Folie ausgelegt, die man mit einem Handtacker befestigen kann. Nun können die Kisten variantenreich neu gestaltet werden.

Bei der Verwendung mehrerer Farben beginnt man mit den helleren Farbtönen und bringt zuletzt die dunkleren Farben auf.

Unifarbene Töpfe sind ebenso hübsch wie auch Blockstreifen, Tupfen oder jedes beliebige andere Muster: Alles ist möglich!

Wem der neue Farbglanz allein noch nicht raffiniert genug erscheint, der kann die Gefäße zusätzlich mit kleinen Schildern, nostalgischen alten Fliesen oder ähnlichem Material dekorativ bekleben.

In unseren beiden Gestaltungsbeispielen wurden die kleinen Kisten zunächst komplett im helleren der beiden Farbtöne gestrichen. Nach dem Trocknen wurde dann der dunklere Farbton aufgetragen. Dadurch erhält man nahtlose Übergänge zwischen den beiden Farbtönen.

Ein emailliertes Schild mit einem charmanten Gartenmotiv, welches mich auf einem Flohmarktstand so verlockend „anlachte", wurde mit Heißwachs auf einer Seitenwand der blau-gelben Kiste befestigt und deutet auf die Bepflanzung der Schale mit Kräutern hin.

Die Seitenwände der kleinen Henkel-Schale in den Farben Rosé und Bordeaux wurden mit dekorativen Herzen und kleinen an Draht aufgezogenen Perlen verziert (siehe Seite 6).

Das Besondere an diesen Herzen: Sie bestehen aus Rinde und wurden aus großen flachen Rindenstücken herausgestanzt.

Holzschale mit Herzen aus Rinde

Petersilie

Töpfe, Schüsseln und Becher dekorativ gestalten

Statt Holzkisten können natürlich auch alte Tontöpfe sowie Schüsseln und Becher aus Kunststoff oder Metall bemalt oder mit einem ganz neuen Dekor versehen werden. Die Auswahl an Farben und Materialien ist auch hier riesengroß.

Wichtig ist, dass die verwendeten Gefäße vor dem Anstrich absolut sauber und trocken sind. Erdreste, Moos und Flechten müssen peinlichst genau entfernt, die Töpfe oder Becher anschließend gut getrocknet werden.

Interessant sind auch im Fachhandel erhältliche „Lack-Sets“, die speziell für die Gestaltung von Terrassentöpfen aus Ton konzipiert wurden und deren Oberfläche die Optik eines Steines (z. B. Granit) oder eines alten Tontopfes widerspiegeln.

Tipp!

Man sollte bei allen verwendeten Farben generell auf den „Blauen Engel“ achten, um die Umwelt nicht übermäßig zu belasten!

Benötigtes Material

- ☐ Einige alte Tontöpfe sowie Schüsseln oder Becher aus Kunststoff, Beton oder Holz
- ☐ Muscheln, Steine, Knöpfe o. Ä.
- ☐ Selbstklebende, wasserfeste Dekofolie
- ☐ Wetterfeste Farben
- ☐ Pinsel
- ☐ Kraftkleber oder Heißklebepistole

Zum fantasievollen Bekleben einfacher Tontöpfe eignen sich viele verschiedene Materialien, wie Muscheln, flache Kieselsteine, Knöpfe, Stoff, selbst klebende Folie u. v. m. (siehe hierzu auch auf S. 80–85). Als Kleber kann ein normaler Alleskleber ebenso verwendet werden wie auch ein Kraftkleber oder eine Heißklebepistole.

Achtung!

Kinder niemals alleine mit einer Heißklebepistole arbeiten lassen!

Vorgehensweise

Ähnlich wie die Holzkisten auf Seite 110 werden auch Töpfe aus Ton lackiert. Unifarbene Pflanztöpfe sind ebenso dekorativ wie Töpfe mit Tupfen, Streifen oder anderen Motiven.

Möchten wir Töpfe aus Ton, Glas oder Kunststoff mit dem vorbereiteten Material bekleben,

Mit kleinen Perlmutt-Knöpfen verzierter goldfarbener Tontopf.

Eine selbstklebende Folie wird auf Maß geschnitten.

Die transparente Mosaikfolie peppt den schlichten Kunststofftopf auf.

sollte der Untergrund ebenfalls sauber und fettfrei sein.

Vor allem Kinder haben immer wieder gute Ideen zur individuellen Gestaltung der bereitgestellten Gefäße!

Mit selbstklebender Folie aus der Bastelabteilung von Bau- und Heimwerkermärkten lassen sich einfache Kunststoffgefäße in charmante Gartenaccessoires umdekorieren.

Die Folie sollte wasserabweisend sein, damit die entstandenen Töpfe auch im Freien verweilen können.

Verjüngt sich der Durchmesser des Bechers nach unten hin und ist er demnach konisch geformt, kann das Bekleben leicht zur Denksportaufgabe werden.

Man könnte nun natürlich mathematische Formeln herauskramen und die zu beklebende Fläche exakt berechnen.

Ich habe es mir allerdings leichter gemacht und habe den Becher einfach spiralig beklebt und die am Ende fehlenden Flächen entsprechend ergänzt. Bei fortlaufenden Mustern ist dies auch gar kein Problem.

Ein Abzugsloch und ein kleiner Untersetzer sorgen für trockene Füße bei den eingetopften Pflanzen.

Mehrere beklebte Becher, die man mit hübschen Kräutern oder kleinen Blühpflanzen bestückt hat, sorgen für Aufsehen, wenn man sie nebeneinander auf einen Sims oder eine Mauer stellt.

Selbst bemalte und beklebte Töpfe mit Kräutern als charmante Deko einer Holzterrasse.

Frische Blüten als festliche Topf-Deko!

Eine Dekoration für nur einen Tag sind selbst geknüpfte Blütengirlanden aus Gänseblümchen, Löwenzahn und vielen anderen Blüten!

Kleine Mädchen lieben es, sich aus Blüten hübsche Halsketten, Armbänder oder kleine Kränze zu knüpfen und sich an einem Sommertag damit zu schmücken.

Haben wir noch ein paar Blüten übrig, so können mit ihnen auch Blumentöpfe attraktiv verziert werden. Man sollte die Blüten jedoch erst kurz vor dem festlichen Anlass pflücken. Wir wählen vornehmlich haltbare Blüten oder kleine Zweige mit mehreren Blüten, die hübsch zueinander passen. Längere Blütenstile sind ebenfalls von Vorteil beim anschließenden Flechten der Blumengirlande. Es gibt verschiedene Techniken, die Blüten miteinander zu verknüpfen. Am solidesten gelingt das längliche Blumengebinde, wenn es unter Hinzunahme einer dünnen Kordel geflochten wird.

Das erfuhr ich an einem wunderschönen Spätsommertag Ende September, als ich meine Mutter in ihrem herrlichen Bio-Schrebergarten besuchte.

Ich erzählte ihr von meinem Vorhaben, hübsche Blütengirlanden herzustellen und auch von meinen eigenen Versuchen, dies in die Tat umzusetzen.

Zwar hatte ich natürlich mit meinen Töchtern, als diese noch klein waren, das eine oder

Blüten von Astern, Tagetes und Ringelblumen werden frisch geschnitten.

Das erste „Sträußchen“ wird mit einer Kordel umwickelt.

andere Kränzchen aus Blüten geflochten und wir hatten alle einen Heidenspaß dabei. Diese Ketten waren auch sehr hübsch anzusehen, in aller Regel sind sie jedoch eher fragil denn stabil ausgefallen. Empfehlen konnte ich meine damals zur Anwendung gekommene Technik demnach nicht.

Als ich meiner Mutter von meinen Ideen, wie eine Blütengirlande geflochten werden könnte, erzählte, schüttelte diese doch ein wenig verwundert den Kopf darüber, dass ihre eigene Tochter anscheinend bis zum heutigen Tag nicht vernünftig gelernt hatte, wie man widerstandsfähige Girlanden aus Blüten herstellt. Ich staunte anschließend darüber, wie flink meine 81-jährige Mutter die zuvor in ihrem Garten geernteten Blüten zu einem wunderschönen schmalen Gebinde verarbeitete. Als ich sie fragte, wann sie dies gelernt hatte, antwortete sie: „Auf dem Feld, als Kind, beim Kühe hüten, als mir langweilig war.“ Auf die Frage, wie alt sie denn da gewesen war, meinte sie: „Etwa sieben Jahre alt.“ Schön, dass man sogar von der eigenen Mutter gelegentlich noch so spannende Neuigkeiten erfährt! Nun also zur korrekten Technik der Herstellung einer etwa fünf Zentimeter breiten Blütengirlande in beliebiger Länge:

Hat man ausreichend viele Blüten oder kleine Blütenzweige im Garten gepflückt, wird aus zwei oder drei von ihnen zunächst ein kleines Sträußchen gebildet, welches mit einer dünnen Kordel fest zusammengebunden wird.

Nun legt man die weiteren Blüten, eine nach der anderen, dicht unter die schon eingebundenen Blütenköpfchen und legt die Kordelenden – ähnlich wie beim Flechten eines Zopfes – erst rechts, dann jedoch auch noch links über den Stängel der Blüte, überkreuzt die Kordelenden anschließend auch auf der Rückseite des Gebindes und legt sodann die nächste Blüte auf die Arbeit. Wieder legt man die Kordelenden kreuzweise über den Stängel dicht unterhalb des Blütenköpfchens, überkreuzt sie dann wiederum auf der Rückseite und fährt auf diese Art und Weise fort, bis alle Blüten zu einer dichten Girlande verbunden worden sind. Am unteren

Kordelenden werden kreuzweise über die Blütenstängel gelegt.

Die Kordel wird festgezogen und dann auf der Rückseite ebenfalls überkreuzt.

Kordel wird wieder nach vorne geführt und es kann ein weiterer Zweig hinzugefügt werden.

Ansicht der Rückseite der Blütengirlande

Ende der fertigen Arbeit bindet man die Kordel zu einem festen Knoten und schützt das Gebinde so wirksam vor dem Auseinanderfallen.

Achtung!

Mit frischen Blüten verzierte Gefäße niemals in die pralle Sonne stellen!

Ein gelegentliches Ansprühen hält die Blüten über einige Stunden hinweg frisch.

Neben Löwenzahn und Gänseblümchen eignen sich weitere Blüten zum Knüpfen von bunten Blumenbändern. In nachfolgender Liste sind Pflanzen aufgeführt, die, zu einem bunten Band geflochten, nicht nur besonders hübsch aussehen, sondern auch über eine relativ gute Haltbarkeit verfügen.

Pflanzen für Blütengirlanden

Aster (Aster ssp.)
Chrysantheme (Chrysanthemum ssp.)
Gänseblümchen (Bellis perennis)
Geranie (Pelargonium ssp.)
Hornveilchen (Viola cornuta)
Husarenknöpfchen (Sanvitalia procumbens)
Kapkörbchen (Osteospermum barberiae)
Karthäuser-Nelke (Dianthus carthusianorum)
Kaukasus-Vergissmeinnicht (Brunnera macrophylla)
Kissenaster (Aster dumosus)
Lavendel (Lavandula angustifolia)
Löwenzahn (Taraxacum)
Mädchenauge, Schöngesicht (Coreopsis ssp.)
Ringelblume (Calendula officinalis)
Strohblume (Helichrysum ssp.)
Tagetes (Tagetes ssp.)

Variante: mit Kohlblättern, Moos oder kleinen Zweigen umhüllt!

Herbstlich schön sind mit Kohl- oder Salatblättern eingehüllte Pflanztöpfe. Sie sind der Hit auf jeder herbstlich gestalteten Festtafel, zu Erntedankfesten oder ganz allgemein als interessanter Schmuck im herbstlichen Garten.

Man befestigt die Blätter am Topf, indem man sie mit einem reißfesten Faden oder einer dünnen Kordel umwickelt. Ein ganz dünner Draht oder eine Bastschnur erfüllen den gleichen Zweck. Fast schon mystisches Flair verbreiten Töpfe und Schalen, die mit Moospolstern verkleidet sind.

Die Polster werden ebenfalls mit einem Faden, Bast oder einer rustikalen Kordel umwickelt und so am Topf befestigt. Auch schmale Bänder aus Jute sehen hübsch aus.

Statt Blättern oder Moos können weiterhin auch kleine Zweige um einen schlichten Pflanztopf gelegt und mit einer Kordel umwickelt werden.

In der Weihnachtszeit sind hierbei natürlich Tannenzweige die erste Wahl.

Zu anderen Jahreszeiten machen sich auch kleine Äste vom Heidekraut, Lebensbaum, Efeu, Kirschlorbeer oder Buchsbaum gut, da sie dekorativ und haltbar zugleich sind.

Mit Heidezweigen und Moos verzierte Pflanztöpfe

Ausgehöhlte Kürbisse ... und andere „Früchtchen“

Ein herrlicher Sommer auf dem Land neigt sich seinem Ende zu. Es ist Erntezeit ...

Wie schön, wenn man so üppig aus dem Vollen schöpfen durfte und das kleine bewirtschaftete Stück Land den ganzen Sommer über eine so reichliche Menge an Früchten und Blüten hervorgebracht hat.

Falls noch einige überzählige Früchte vorhanden sind, könnte man diese für fruchtig-bunte Blüten-Dekorationen verwenden und mit ihnen sehr geschmackvoll Tisch und Garten schmücken.

Auch einige Exoten dürfen sich unter die heimische Früchte-Galerie mischen und nehmen zarte Blütenpflanzen äußerst apart in sich auf.

Vorgehensweise

Das Dekorieren mit Früchten ist im Grunde recht einfach. Wir haben die Qual der Wahl und arrangieren Früchte und Blüten je nach Bedarf und ganz individuell, wie es uns gefällt. Die ausgewählten Früchte werden zunächst mit einem scharfen Messer „geköpft“, dann mit einem Messer und/oder einem Löffel ausgehöhlt. Als sehr geeignet zum Aushöhlen von Kürbissen hat sich ein Eislöffel aus Metall erwiesen.

Damit Wasser ablaufen kann, hat sich ein kleines Abzugsloch im Boden der Frucht bewährt.

Nahrhafte Erde wird eingefüllt und die Pflanze eingesetzt. Sollte die Frucht nicht gerade stehen, kann man ihren Boden mit einem Messer dementsprechend ein wenig modellieren, sodass eine ebene Standfläche entsteht.

Zu allen Feierlichkeiten, die rund um die Zeit des Erntedankfestes stattfinden, sind einige ausgehöhlte und bepflanzte Früchte einfach

Mit einem Eisportionierer aus Metall lässt sich ein Kürbis sehr gut aushöhlen. Ein Abzugsloch sorgt dafür, dass überschüssiges Wasser ablaufen kann.

eine geniale Dekoration. Sie werden vereinzelt zwischen die sorgfältig zusammengestellten Früchte des Gartens gesetzt, um die bunte Fülle aller Gaben von Mutter Natur eindrucksvoll zu vervollständigen.

Zur Herbstzeit dominieren Blüten in den typischen Farben der Jahreszeit: Pink, Orange, Lila, Gelb, Rostrot, Creme und Rot!

Mit Blumen aus nachfolgender Liste liegen wir in den Monaten September und Oktober immer richtig. Wir retten mit ihnen den Sommer bis in den Spätherbst hinein und erfreuen uns an dem feurigen Farbenspiel.

Ganze Pflanzen oder auch nur Teile von ihnen (Mönchspfeffer) können für erfrischend bunte Herbstdekorationen eingesetzt werden.

Herbstblumen zum Dekorieren

Alpenveilchen (Cyclamen hederifolium)
Chrysantheme (Chrysanthemum ssp.)
Dahlie (Dahlia ssp.)
Erika, Heidekraut (Erica ssp.)
Fetthenne „Herbstfreude" (Sedum telephium)
Herbstanemone (Anemone hupehensis)
Herbst-Aster (Aster novi-belgii u. a.)
Herbst-Enzian (Gentiana sino-ornata)
Kapuzinerkresse (Tropaeolum ssp.)
Mädchenauge (Coreopsis ssp.)
Mönchspfeffer (Vitex agnus-castus) – Strauch!
Myrtenaster (Aster ericoides)
Silberkerze (Cimicifuga simplex)
Sonnenblume (Helianthus annuus)
Tagetes (Tagetes)
Veronika, im Herbst blühende Arten (Veronica ssp.)
Zinnie (Zinnia violacea)

Ein Kürbis aus Beton mit Hohlraum zum Bepflanzen

Wesentlich langlebiger als die oben beschriebenen ausgehöhlten Früchte oder Blütenbänder sind kleine aus Beton gegossene Kürbisse mit einem eingearbeiteten Hohlraum zum Bepflanzen.

Den Umgang mit dem Baustoff Beton haben wir schon auf den Seiten 68 bis 75 kennengelernt. Nun erweitern wir unser Repertoire der im Zusammenhang mit Beton stehenden Arbeitsmethoden um das Abformen mit Hilfe einer selbst erstellten Latexform. Das ist im Grunde sehr simpel. Wir müssen nur wenige Punkte dabei beachten.

Vorgehensweise

Wir wählen zunächst einen schön gewachsenen Kürbis, der über ausdrucksstarke Rippen verfügen sollte. Von der Form her sollte die Frucht auf der Oberseite sowie auch auf der Unterseite eher flach sein.

Latexform

Zum Einpinseln mit Latexmilch wird der Kürbis zunächst auf den Kopf gestellt. Ein hervorstehender Stängel muss mit einem scharfen Messer flach abgeschnitten werden, damit der Kürbis gerade aufliegt! Seine Unterseite zeigt nun nach oben!

Sie bildet die spätere Standfläche des Betongefäßes. Sie sollte daher flach und relativ gerade sein. Eventuell muss man hier mit einem scharfen Messer ein Stück abschneiden!

Zum Einpinseln mit Latexmilch legt man den Kürbis nun auf eine wasserdichte Unterlage und trägt die erste Schicht Latexmilch auf.

> **Achtung!**
>
> **Beim Einpinseln mit Latexmilch zeigt die Unterseite des Kürbisses zunächst nach oben!**

Jede Schicht muss jeweils einige Stunden trocknen, bevor die nächste Schicht aufgetragen werden kann. Man erkennt dies daran, dass die Milch während des Trocknens eine beinahe durchsichtige Farbe bekommt.

Damit die spätere elastische Form eine ausreichende Stabilität besitzt, müssen mindestens zehn Schichten Latex auf den Kürbis aufgebracht werden. Eine zu dünne Form könnte dem Zementleim nicht ausreichend standhalten und ein unbefriedigendes Ergebnis des Beton-Abdrucks zur Folge haben!

Nach dem Trocknen der ersten Schicht drehen wir den Kürbis vorsichtig um, sodass die Latexmilch nun auch auf der Oberseite des Kürbisses noch ein Stück weiter zum Stängel hin aufgetragen werden kann.

Dies sollte man anschließend nach jeder zweiten aufgetragenen Latexschicht tun.

Je dünnflüssiger die Latexmilch ist, desto höher sollte die Anzahl der auf den Kürbis aufge-

Der Kürbis wird auf den Kopf gelegt, bevor die 1. Schicht Latexmilch aufgepinselt wird.

Zum Auftragen der 2. Schicht wird der Kürbis umgedreht.

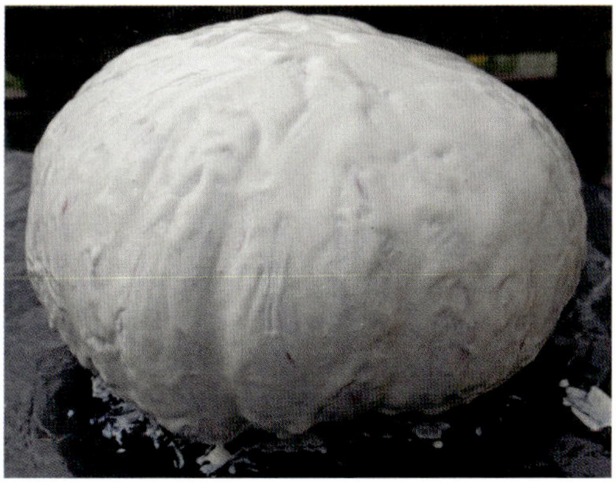

Insgesamt rund 10 Schichten Latexmilch werden aufgetragen.

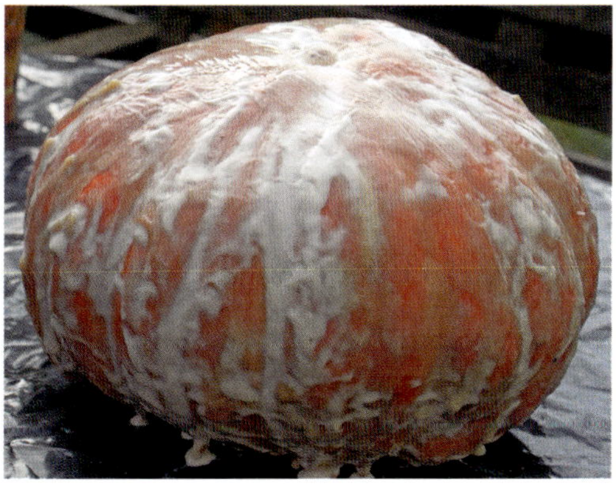

Latexmilch wird beim Trocknen beinahe durchsichtig.

tragenen Schichten sein. Andererseits reichen bei einer sehr dickflüssigen Latex-Paste manchmal auch schon fünf oder sechs Schichten aus. Im Zweifelsfall sollte man lieber zu viel Latex auftragen als zu wenig.

Die Latexform hat ihre endgültige Stärke erreicht, wenn die Farbe des beschichteten Gegenstandes nach dem Trocknen kaum mehr erkennbar ist. Die Farbe des Kürbisses sollte demnach unter der getrockneten Latexschicht nicht bzw. kaum mehr zu sehen sein.

Nachdem die letzte Schicht Latexmilch gut getrocknet ist, kann die elastische Form vorsichtig von der Frucht abgezogen werden. Jedes Detail der Kürbisoberfläche ist nun im Inneren der Form sichtbar.

Wir streifen die Latexhülle vorsichtig vom Kürbis ab.

Jedes Detail der Kürbisoberfläche ist nun im Inneren der Form abgebildet.

Ausgießen mit Beton

Wir betten die Form anschließend in einen Hügel Sand. Der Sand sollte gut griffig, also ganz leicht angefeuchtet, sein. Man achte außerdem darauf, dass die Form während des späteren Aushärtens keinen Schiefstand aufweist!

Nun rühren wir den Zementmörtel mit Wasser zu einem zähflüssigen Brei an. Der angerührte Zementleim darf keinesfalls zu flüssig sein!

Wir füllen den Zementleim nun schichtweise in die Latexform. Parallel dazu legen wir Sand von außen an die Form, um sie damit abzustützen. Der Sand sollte von außen ohne jeden Druck an die Form gelegt werden!

Die Latexform darf jedoch nicht bis zu ihrem oberen Rand mit Zementleim aufgefüllt werden. Einige Zentimeter „Luft" sollten hier bestehen bleiben. Denn nun wird der spätere Hohlraum mit Hilfe einer kleinen Kunststoffschale oder eines zylindrischen Bechers ausgebildet.

Die kleine Kunststoffform wird von außen mit Öl eingepinselt und in den weichen Zement hineingedrückt. Dadurch wird der Zementleim bis zum oberen Rand der Latexform nach oben gedrückt. Der Zementleim sollte die Latexform nun komplett ausfüllen. Gegebenenfalls muss noch etwas Leim hinzugefügt werden.

Damit die Kunststoffform nicht wieder aus dem Zement herausgedrückt wird (= aufschwimmt), beschweren wir sie mit Sand oder Kieselsteinen.

Innerhalb der nächsten ein bis zwei Minuten korrigieren wir die Position der eingesetzten Form aus Kunststoff und achten peinlichst genau darauf, dass diese schön symmetrisch in der Mitte der Latexform platziert ist.

Der Zement muss nun aushärten. Die Form sollte zum Schutz vor starken Regenfällen mit einer Plane oder Ähnlichem abgedeckt werden.

Je nach Witterung, Außentemperatur und Größe des Kürbisses ist der Zement nach rund zwei bis vier Tagen meist ausreichend gehärtet, sodass die Latexhülle sowie auch der Becher aus Kunststoff entfernt werden können. Wir können die Festigkeit des Zements durch Druck prüfen. Der entstandene Beton sollte nicht mehr nachgeben.

Die Latexform wird in einen Hügel Sand gebettet.

Der angerührte Zement wird eingefüllt.

Ein Kunststoffbecher wird in den Zement gedrückt und mit Gewichten beschwert.

Nach zwei bis vier Tagen ist der Zement ausgehärtet.

Sehr vorsichtig wird nun die Latexhülle vom Betonkürbis abgezogen. Sie kann anschließend für einen weiteren Abdruck wiederverwendet werden.

Das kleine Kunststoffgefäß wird durch Biegen und Drehen aus dem Zement herausgelöst. Mit einer Bohrmaschine kann nun noch ein Abzugsloch in den Kürbis hineingebohrt werden. Dies sollte man rasch tun, solange der Beton noch relativ weich und nachgiebig ist.

Je nach Größe seines Hohlraumes können das dekorative Pflanzgefäß aus Beton nun beliebige Pflanzen schmücken. Siehe hierzu auch in den Pflanzenlisten auf den Seiten 16 und 18.

Sitzlandschaft aus Pflanzsteinen

Lauschige Sitzplätze kann man einfach nie genug im Garten haben. Um sein grünes Reich entspannt genießen zu können, nimmt man gerne Platz und ruht ein wenig aus inmitten der liebevoll gehegten Gewächse im eigenen kleinen Gartenparadies. Was liegt also näher, als die Pflanzen noch etwas mehr an uns heranrücken zu lassen oder sie zur Abwechslung sogar aus der Sitzgelegenheit selber wachsen zu lassen?

Mit einer Sitzlandschaft, die aus Pflanzsteinen zusammengebaut wurde, ist dies tatsächlich möglich. Dabei entsteht außerdem ein sehr solider Sitzplatz und gleichzeitig ein ungewöhnliches Schmuckstück für den Garten.

Pflanzsteine aus Beton als Ausgangsmaterial für eine schöne Sitzlandschaft

Entspannt den Sommer genießen …

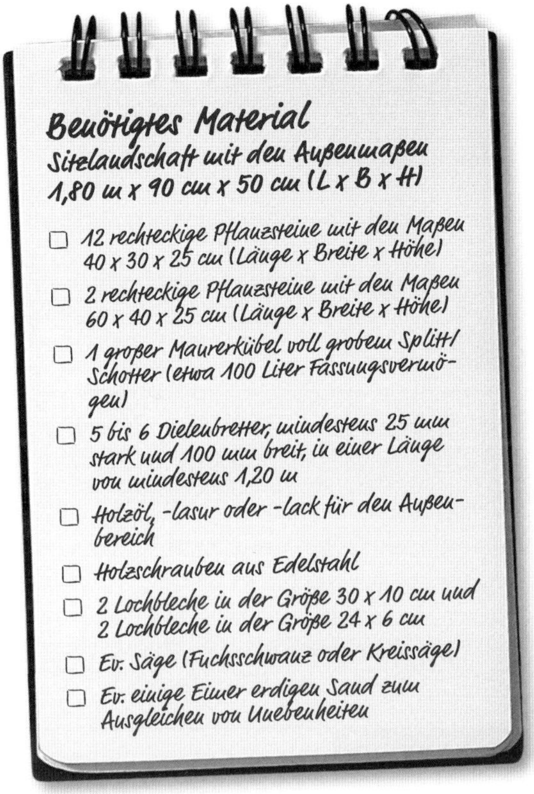

Vorgehensweise

Bei der Auswahl der Pflanzsteine haben wir tatsächlich die Qual der Wahl. Es gibt halbrunde Steine, quadratische sowie rechteckige Steine in ganz verschiedenen Längen und Breiten. Manche von ihnen haben eine glatte Oberfläche, andere verfügen über eine wellenförmige Struktur und können beim Aufstellen ineinander verzahnt werden. Entscheidend mag für den einen oder anderen nicht nur die optische Beschaffenheit der Hohlraumsteine sein, sondern oftmals auch ihre Preisgünstigkeit.

Wir sind sehr lange umhergefahren und haben das breit gefächerte Angebot an Pflanzsteinen genauestens studiert. Optik und Preis sollten in einem guten Verhältnis zueinander stehen und so entschieden wir uns schließlich für einen Stein, der im Baumarkt „gleich um die Ecke" zum Verkauf stand.

In der Größe 40 x 30 x 25 Zentimeter (Länge x Breite x Höhe) war der Stein für unter 4,– Euro erhältlich, die Rippen auf seiner Oberfläche sorgten für eine gute Stabilität der fertigen Konstruktion, außerdem gab es eine weitere Größe desselben Steins sowie auch mehrere Farben zur Auswahl. Genau genommen hätten wir uns die Fahrtkosten folglich sparen können.

Doch wir sind nun, was Pflanzsteine angeht, mit Sicherheit auf dem neuesten Kenntnisstand und wissen nun auch, dass es hier enorme Preisunterschiede gibt. Für den gleichen Stein gab es bei verschiedenen Anbietern gut und gerne Preisunterschiede von bis zu 3,– Euro pro Stein. Preisvergleiche lohnen sich demnach!

Bei der Auswahl des Standorts für die Sitzlandschaft schauen wir uns zunächst an, ob größere Wurzeln im Boden vorhanden sind. Damit aus ihnen eine sichere Konstruktion errichtet werden kann, benötigen die Pflanzsteine einen ebenen Untergrund.

Natürlich spielen auch Sonneneinstrahlung, Uneinsichtigkeit und vieles mehr eine Rolle bei der Festlegung des Standortes, doch im Folgenden geht es vor allem um den korrekten Aufbau der Steine zu einer optisch ansprechenden wie auch soliden Sitzgelegenheit im Garten.

Nachdem die benötigten Baumaterialien besorgt und der optimale Standort für diese außergewöhnliche Gestaltungsidee festgelegt wurde, vermessen wir die spätere Standfläche der Sitzlandschaft und ebnen den Boden gegebenenfalls mit Sand zu einer waagerechten Fläche ein. Mit einer Wasserwaage sollte dies beim späteren Aufbau der Steine noch mehrfach überprüft werden, gegebenenfalls müssen wir die Ausrichtung der einzelnen Steine – jeden Stein für sich alleine sowie im Verbund mit den Steinnachbarn – nochmals durch ein Unterfüttern mit Sand oder feinem Splitt korrigieren.

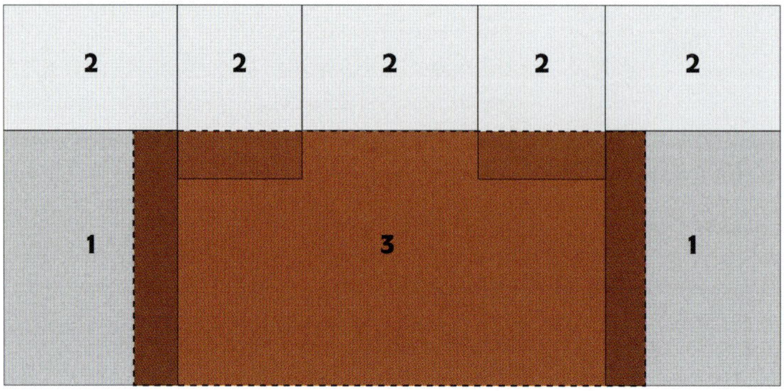

Skizze der unteren Steinreihe

1 = Pflanzstein in der Größe 60 x 40 cm (Länge x Breite)

2 = Pflanzstein in der Größe 40 x 30 cm (Länge x Breite)

3 = Sitzfläche aus Holz

Tipp!

Es macht Sinn, vorab eine exakte Skizze vom Lageplan der Pflanzsteine anzufertigen!

Die Steine werden nun wie oben abgebildet auf der vorbereiteten Fläche angeordnet. Ihre Öffnungen zeigen jeweils nach oben.

Nachdem die untere Reihe Pflanzsteine gemäß der Skizze aufgestellt wurde, die Steine dabei waagerecht ausgerichtet und perfekt ineinander verzahnt worden sind, werden die beiden größeren Steine randvoll mit Schotter oder Splitt gefüllt. Das ist deshalb unumgänglich, da die kleineren Steine der oberen „Etage" ansonsten keine sichere Auflagefläche erhielten.

Die restlichen sieben Pflanzsteine werden nun in U-Form auf den äußeren Rand der ersten Steinreihe gestellt. Die beiden vorderen Steine der „Banklehnen" werden dabei etwa fünf Zentimeter weit nach hinten versetzt aufgelegt.

Auch hier wird wieder sorgfältig darauf geachtet, dass die Steine sicher aufeinander stehen, ihre Öffnungen nach oben zeigen und nichts wackelt oder schief steht.

Mit einer Wasserwaage wird überprüft, ob die Steine gerade ausgerichtet sind. Unsere besondere Aufmerksamkeit gilt hier wiederum den beiden vordersten Steinen, welche zum Teil auf dem Schotter aufliegen. Sie müssen unbedingt mit einer ausreichenden Menge Schotter unterfüttert sein.

Gegebenenfalls muss weiterer Schotter in den darunterliegenden Pflanzstein eingefüllt werden.

Achtung!

Insgesamt ergeben sich durch die wellig strukturierte Oberfläche beim teils versetzten Ineinanderstellen der Pflanzsteine gewisse Unregelmäßigkeiten im Aufbau der Rückwand der Sitzlandschaft. Die Rückseite der Sitzgelegenheit könnte einige kleinere „Vorsprünge" aufweisen. Wen das stören sollte, der greift beim Bau besser auf Steine mit ganz geraden Seitenwänden zurück!

Sitzfläche aus Holz

Erst wenn die Steinkonstruktion der Sitzlandschaft komplett aufgestellt worden ist, wird der Raum für die spätere Sitzfläche aus Holz vermessen (= braune Fläche auf der Skizze).

Mit einer Wasserwaage werden die Steine ausgerichtet.

Die beiden großen Pflanzsteine werden randvoll mit Schotter oder Splitt gefüllt.

Durch Unregelmäßigkeiten in der Herstellung der Steine und die wellige Oberflächenstruktur können sich die Abstände zwischen den Steinen zum Teil verändern, sodass wir die spätere Sitzfläche besser nicht „auf dem Papier" ausmessen sollten!

In unserem Beispiel verbauten wir einfache unlackierte Holzdielen in einer Stärke von 30 Millimetern und einer Breite von 100 Millimetern. Breitere Dielen könnten natürlich ebenfalls verarbeitet werden.

Die tatsächliche Größe der Sitzfläche betrug in unserem Beispiel exakt 1,18 Meter mal 55 Zentimeter. Wir benötigten daher fünf Dielen, um auf eine Sitztiefe von 55 Zentimetern zu kommen. Darin enthalten waren kleine Lücken zwischen den einzelnen Brettern von jeweils gut einem Zentimeter.

Mit einer Kreissäge oder einem gewöhnlichen Fuchsschwanz kürzten wir die Bretter zunächst auf eine Länge von 1,18 Metern ein. Danach wurden die Bretter von beiden Seiten mit einem Teak-Holzöl eingeölt. Alternativ könnte man auch eine Holzlasur verwenden oder man lackiert die Dielen mit einem wetterfesten Lack. Dadurch wird eine gewisse Wetterfestigkeit der Holzleisten erreicht. Die Behandlung mit einem Holzöl sollte in jedem Jahr wiederholt werden.

Die Hölzer werden nun mit ihrer Unterseite nach oben auf der vorgesehenen Sitzfläche schon exakt so ausgelegt, wie sie anschließend mit Hilfe der Lochbleche verschraubt werden sollen.

Vorsichtig werden anschließend die Lochbleche auf der Fläche ausgelegt, sodass alle Dielen miteinander verbunden werden können. Die Lochbleche müssen versetzt zueinander angeordnet werden, damit eine solide Holzplatte aus den Dielen entstehen kann.

Zuletzt werden die Bleche mit Holzschrauben aus Edelstahl mehrfach an den Dielen befestigt.

Die zweite Steinreihe wird aufgesetzt.

Die Hölzer werden vor dem Verschrauben mit Holzöl oder Holzlasur behandelt.

Die Lochbleche werden versetzt aufgeschraubt.

Die Sitzfläche wird nun gedreht und passgenau zwischen den Pflanzsteinen eingesetzt.

Die entstandene Sitzfläche wird nun herausgehoben, gewendet und wieder zwischen den Pflanzsteinen eingesetzt.

Während des Winterhalbjahres lagert man die Sitzfläche aus Holz besser an einem trockenen Ort!

Tipp!

Nicht jedem gefallen die schlicht grauen Steine für das hier gezeigte Beispiel. Die gleiche Sitzlandschaft kann selbstverständlich auch in Rot, Schwarz oder Braun gestaltet werden. Manch einer möchte sogar einen bunten Stein-Mix verarbeiten.

Bepflanzung

Als Bepflanzung der Steine kommen viele verschiedene Gewächse in Frage. Aufgrund des enormen Fassungsvermögens der geräumigen Pflanzsteine steht den eingesetzten Gewächsen viel Substrat und Raum für ihr Wurzelwerk zur Verfügung.

Selbst kleine Sträucher (Mannsblut, Stachelbeere etc.) fühlen sich in Pflanzsteinen wohl, außerdem das ganze Spektrum an Kräutern, wozu auch verholzende Arten wie Salbei oder Rosmarin gehören, klein bleibende Rosen oder die schönsten Sommerblumen.

Auf allzu rankende Gewächse sollte allerdings verzichtet werden, damit das Sitzvergnügen durch überhängende Zweige nicht zu sehr eingeschränkt wird.

Die Sitzlandschaft aus Pflanzsteinen lädt zum Ausruhen ein.

Mit Holzpaletten vertikal gärtnern

Platzsparend gärtnern ist ein neuer Trend, der es in sich hat: Wer nur über einen Mini-Garten in der Stadt verfügt oder selbst „Gärtner" ganz ohne Garten können sogar auf dem kleinsten Balkon vertikal und sehr gewinnbringend in die Höhe gärtnern. Mit wenigen Handgriffen lässt sich ein vertikaler Garten in Eigenregie errichten.

Achtung!

Nachdem wir eine passende Palette besorgen konnten, kümmern wir uns um das weitere noch benötigte Material. Mengen und Größen von Brettern, Folie etc. wird durch die Größe der verwendeten Palette bestimmt!

Alte Paletten eignen sich zur Gestaltung eines vertikalen Gartens.

Benötigtes Material

- ☐ 1 Holzpalette in der Größe 1 x 1,20 m oder kleiner
- ☐ 1 OSB-Platte, 60 x 180 cm, 16 mm stark, ev. schon zugeschnitten in der Größe der Palette
- ☐ 1 etwa 1 x 2 m großes Stück reißfeste, wasserdichte Folie
- ☐ Schrauben
- ☐ Einfache Bretter für die Seiten
- ☐ Ev. Kreis- oder Stichsäge
- ☐ Akku-Schrauber
- ☐ Handtacker
- ☐ Ev. Winkelschleifer zum Abschleifen der Palettenoberfläche

Vorgehensweise

Zunächst prüfen wir Stabilität und optischen Zustand der Holzpalette. Sind hier Bretter lose oder stehen Nägel hervor, so beseitigen wir zunächst diese kleinen Mängel. Größere Verschmutzungen können mit einem Winkelschleifer ganz vorsichtig abgeschliffen werden.

Mit einem Handtacker befestigen wir nun die Folie an den Seiten, der Unter- sowie auch an der Rückseite der Palette. Die Folie wird hierbei stramm um die Seiten der Palette gelegt, nur die Oberseite bleibt frei! An den Kanten wird die Folie ordentlich gefaltet und ebenfalls festgetackert.

Nun wird die in der Größe der Palette zugeschnittene OSB-Platte auf deren Rückseite geschraubt. Damit die Rückwand dem späteren Erddruck des eingefüllten Substrates standhält, sollte man die Schrauben nicht nur an den Rändern, sondern auch in der Mitte der Fläche anbringen.

Bleibt von der OSB-Platte noch ein Stück übrig, so kann dieses von unten an die Palette geschraubt werden und bildet damit die Unterseite des bepflanzten Palettengartens. OSB-Platten sind relativ feuchtigkeitsresistent!

An die Seiten nageln wir nun noch ganz einfache Bretter, die von ihrem Aussehen her der Optik der Holzpalette in etwa ähneln.

Die bepflanzbare Palette ist nun fertig zusammengebaut!

Die schwierigste Phase bei der Erstellung eines vertikalen Palettengartens beginnt jedoch erst! Denn nun muss der gesamte Innenraum der Palette mit dem Pflanzsubstrat aufgefüllt werden. Da es auf der Vorderseite von Holzpaletten schmale Öffnungen gibt, aus welchen es später dekorativ grünen und blühen soll, können wir die Palette zunächst noch nicht vollständig in die Vertikale bringen. Das eingefüllte Substrat würde ansonsten aus diesen Öffnungen herausrieseln.

Wir lehnen die Palette daher zum Befüllen an einen Baum oder eine Wand und bringen sie somit in eine leichte Schräglage. Nun wird zunächst eine dünne Schicht Sand und/oder feiner Kies als Drainage eingefüllt, der Paletten-Innenraum anschließend mit einem guten Kübelpflanzensubstrat (siehe hierzu auch auf S. 24) aufgefüllt. Um das eingefüllte Substrat leichter zu machen, erhöhen wir den Anteil an Torf oder geben der Mischung einen Anteil an Kokos-Pflanzsubstrat hinzu.

Die Kokoserde erhält man meist in gepressten Blöcken, die man in Wasser legt. Sie quellen in Kürze zu einem Vielfachen ihres Volumens auf und man erhält eine herrlich lockere und dabei relativ „leichte" Pflanzerde.

Das Pflanzsubstrat wird von oben in die Palette gefüllt. Mit einem Besenstil schiebt man die Erde vorsichtig nach unten hindurch, drückt sie dann durch die offenen Spalten auf der Vorderseite gut fest.

Mit einem Handtacker wird die Folie an der Holzpalette befestigt.

Die Seiten der Palette, sowie Rück- und Unterseite werden mit Folie bespannt. Nur die Oberseite bleibt offen!

Auf die Rückseite wird eine zugeschnittene OSB-Platte geschraubt.

Auch von unten wird die Palette mit einer OSB-Platte verschlossen.

Einfache Bretter werden auf die Seitenwände der Palette geschraubt oder genagelt.

In leichter Schräglage wird die Palette nun mit Pflanzerde befüllt.

In die offenen Lücken auf der Vorderseite der Palette kann nun direkt eingesät werden.

Bei einer Palette in der Größe 80 x 120 Zentimeter braucht man schon in etwa 120 Liter eines guten Pflanzsubstrates sowie einen Eimer feinen Kies, sodass hier ein recht hohes Endgewicht der Palette zustande kommt.

Am einfachsten wäre es, die Palette gleich an ihrem späteren Standort zu befüllen. Dann müsste man sie später nur noch aufrichten und an der Wand fixieren. Dies könnte mit kleinen Schraubhaken geschehen.

Da eine Einsaat in die offenen Spalten der Palette in einer vertikalen Position der Palette jedoch nicht möglich ist, würde die schräg aufgestellte oder gar liegende Palette auf einem Balkon doch im Weg stehen.

So kommt man meist nicht darum herum, die mit Erde gefüllte Palette ein Stück weit transportieren zu müssen. Zwei kräftige Männer sollten demnach zum Transport zur Verfügung stehen. Auch eine Sackkarre kann hier gute Dienste leisten!

Es hat sich bewährt, die eingesäte Palette mit Folie abzudecken. So wird die Keimung recht schnell einsetzen und die Bewurzelung ihres „erdigen“ Inhaltes kann beginnen.

Erst wenn die Pflanzen einige Zentimeter hoch geworden sind, stellen wir die Palette an ihren endgültigen Standort. Die zahlreichen, aus ihren Öffnungen sprießenden Pflanzen haben ein umfangreiches Wurzelgeflecht gebildet, sodass auch in einer vertikalen Stellung des Palettengartens kein Pflanzsubstrat mehr hinausfallen wird.

Geeignete Pflanzen für den Palettengarten

Besonders buschig wachsende Pflanzen sowie auch Ranken bildende Gewächse eignen sich besonders gut für die vertikale Kultur auf engstem Raum. Zu ihnen gehören Kresse, Postelein (Portulak), Pflücksalate, Rucola (Rauke), Kapuzinerkresse, Petersilie, Thymian, Majoran u. v. m.

Tipp!

Auch Erdbeeren sind ganz ideale Palettenbewohner, da sie mit zahlreichen Ausläufern gerne auch die Vorderseite der Palette begrünen und noch dazu reichlich Früchte liefern.

Damit die Palette sicher an der Wand steht, könnte man sie entweder mit Haken oder Schrauben an der Wand befestigen oder man lehnt die Palette mit einer leichten Neigung an die Wand und verzichtet auf eine exakt vertikale Position des Palettengartens.

Vorsicht beim Wässern

Da die vertikal aufgestellte Palette von oben gegossen wird, braucht es eine Weile, bis die begehrte Feuchtigkeit auch die ganz unten wachsenden Pflanzen erreicht hat. Man sollte sich zum Gießen daher ein wenig Zeit nehmen und Wasser immer nur in kleinen Portionen zugeben, damit alle Pflanzen Zeit haben, an der langsam durchsickernden Flüssigkeit ihren Durst zu stillen.

Würde man zu viel Wasser auf einmal von oben in die Palette schütten, liefe dieses viel zu schnell und womöglich ungenutzt bis unten hindurch und dort auch aus der Palette wieder hinaus. Gerade auf einem Balkon möchte man dies natürlich vermeiden.

Tipp!

Stellt man die Palette auf einen großen länglichen Untersetzer aus Kunststoff, den es im Handel in unterschiedlichen Längen für Balkonkästen gibt, wird überschüssiges Gießwasser aufgefangen und der Balkonboden gleichzeitig sauber gehalten.

Variante: vertikal gärtnern mit Kokosnüssen

Von meiner Schwester Beate bekam ich eine weitere kleine Holzpalette geschenkt, die nicht allzu groß war und die man daher leicht mit einem Nagel an einer Wand aufhängen konnte. Damit nicht allzu viel Gewicht durch Pflanzen und Substrat hinzukäme, entschieden wir uns für halbierte Kokosnussschalen, die wir auf der Vorderseite der Palette festschrauben wollten. Hier hinein setzten wir kleine Pflanzen, vorwiegend Kräuter und Blumen, sodass ein weiterer recht reizvoller vertikaler Palettengarten entstand.

Vorgehensweise

Zunächst bohren wir die Kokosnüsse an, um die Kokosmilch herauslaufen zu lassen. Diese wird in einer Schüssel aufgefangen und kann in der Küche in allerhand Rezepten verarbeitet oder auch getrunken werden.

Nun werden die Kokosnüsse mit einer Säge und einem möglichst geraden Schnitt exakt in der Mitte durchgesägt. Hierzu kann eine Kreis- oder Bandsäge wie auch ein gewöhnlicher Fuchsschwanz verwendet werden. Das Kokosnussfleisch wird herausgeholt und dient als kleine Stärkung bei der Arbeit. Damit es länger frisch bleibt, wird es gelegentlich mit Wasser befeuchtet!

Mit einer Bohrmaschine werden, wo noch nicht geschehen, Abzugslöcher in den Boden der Schalen gebohrt.

Nun legen wir die Anordnung der Nussschalen auf der Palette fest. Es ist eine Geschmackssache, ob die Palette in Längs- oder Querrichtung ihrer Leisten aufgehängt werden soll.

Mit ihrer Öffnung nach oben werden die halbierten Kokosnussschalen nun an die Vorderseite der Palette geschraubt, sodass hier kleine Pflanzen eingesetzt werden können.

Die Palette wird nun mit einigen Haken oder Nägeln an der Wand befestigt und ist zum Bepflanzen bereit.

Eine Liste mit besonders geeigneten Pflanzen befindet sich auf Seite 16 („Pflanzen für kleine Gefäße").

Tipp!

Aufgrund der begrenzten Größe der Kokosnussschalen, deren Substrat allzu rasch austrocknen kann, hat es sich bewährt, die Palette an einem schattigen bis halbschattigen Standort anzubringen! Als günstigster Zeitpunkt für die Gestaltung einer Kokosnuss-Palette hat sich daher auch der Spätsommer herausgestellt.

Halbierte Kokosnussschalen werden auf einer Holzpalette angeordnet …

… und mit ihrer Öffnung nach oben gut festgeschraubt.

Ausdrucksstarke „Ton-Köpfe“

Ein Garten ohne Terracotta? Für mich einfach undenkbar! Die warmen Farben und zartkörnigen Oberflächen von gebranntem Ton harmonieren atemberaubend schön mit den vielfältigen Strukturen eines Gartens.

Daher stand für mich außer Zweifel, meinen Garten auch im Zusammenhang mit außergewöhnlichen Pflanzgefäß-Ideen um den Werkstoff Ton zu erweitern.

Zwar bietet jeder gut sortierte Fachhandel ein breites Sortiment an fertigen Pflanzkübeln aus Terracotta an, die – in ganz unterschiedlichen Preisklassen – unseren Pflanzen ein schmuckvolles Zuhause geben. Ein individuelles Einzelstück jedoch, welches von uns mit manuellem Geschick erstellt wurde, kann noch weit mehr: Es erfüllt seine Umgebung mit einer künstlerischen Aura und begeistert jeden Betrachter durch Originalität und Ausstrahlung.

Tonmasse erhält man meist in Gebinden zu je zehn Kilogramm im Fachhandel. Wie es der Zufall wollte, befindet sich ein sehr großes Geschäft für jede Art von Künstlerbedarf bei uns quasi „um die Ecke“. Dort fanden wir Ton in vielen verschiedenen Ausführungen und zu Preisen, die bei etwa 5,– Euro pro zehn Kilogramm Tonmasse begannen.

Wer nicht das Glück hat, einen entsprechenden Handel in der Umgebung ausfindig zu machen, der muss sich allerdings keine Sorgen machen, da man bei Läden dieser Art damit rechnen darf, dass dort meist auch ein Versand der Waren angeboten wird.

Inzwischen konnte ich meine Töchter Andrea, Corinna und Lisa für das Projekt „Ausdrucksstarke Tontöpfe“ gewinnen und wir machten uns zunächst auf die Suche nach einer Möglichkeit, wie unsere Tontöpfe nach ihrer Vollendung fachgerecht gebrannt werden können. Und der nächste glückliche Zufall ließ nicht lange auf sich warten ...

Wir fanden die Familie Baumann in ihrer idyllisch gelegenen Töpferei samt herrlichem rund 5.000 Quadratmeter großen Anwesen knapp 15 Autominuten von unserem Zuhause in „Windeck an der Sieg“ entfernt.

Der biologisch angelegte Nutzgarten und die liebevoll restaurierten Fachwerkgebäude samt der darin befindlichen Werkstatt waren für sich schon ein Traum, die freundliche Einladung, unser Töpferprojekt gleich vor Ort in den Räumen der Töpferei zu verwirklichen, übertraf allerdings alle unsere Erwartungen. Voller Vorfreude machten wir uns auf den Weg nach Ruppichteroth zum „Brölerhof“, um uns von Herrn Baumann persönlich in einige Geheimnisse des Töpferns einweihen zu lassen.

Benötigtes Material

3–4 kleine Pflanztöpfe, Höhe ca. 15 cm

- ☐ Etwa 10 kg Tonmasse mit mindestens 40 % Schamotte
- ☐ Einige kleine Holzwerkzeuge zum Bearbeiten des Tons
- ☐ Scharfes Messer
- ☐ Schutzkleidung

Vorgehensweise

Geplant war die Anfertigung von Pflanztöpfen in den Maßen 15 x 15 Zentimeter (Höhe x Durchmesser), die auf ihrer Vorderseite ausdrucksstarke Gesichter erhalten sollten.

Ideal für unser Vorhaben ist ein Ton mit einem hohen Anteil an Schamotte (etwa 40 bis 50 %).

Schamott(e)
„Schamott" oder auch „Schamotte" sind hoch gebrannte Tone, die auf bestimmte Korngrößen zermahlen werden. Damit eine Tonmasse beim Formen von größeren Gegenständen eine höhere Stabilität erhält und Spannungen während des Brandes besser aufgenommen werden können, wird sie mit einem Anteil an Schamott(e) versetzt.

Beim „Brölerhof" angekommen war sogleich Herr Baumann zur Stelle und nahm uns einladend in Empfang, bevor er uns in die perfekt eingerichtete Werkstatt führte. Dort erhielten wir von ihm einen schamottierten Bauton mit einem Schamott-Anteil von 50 % in gut zu verarbeitenden flachen Platten, die knapp zwei Zentimeter dick waren.

Tonart und Brenntemperatur sind mitentscheidend für die spätere Qualität des getöpferten Werkes.

In unserem Fall würde ein ziegelrotes Endprodukt mit einer guten Frosthärte entstehen, welches zugleich dekorativ und langlebig den Garten schmücken würde.

Nun ging es auch gleich an die Arbeit. Ein runder, flacher Teller sowie eine rechteckige Holzplatte dienten uns als Schablonen zum Ausschneiden von Böden und Wandungen der späteren Töpfe.

Die richtige Technik zum Verschließen der Nähte

Alle Nahtstellen zwischen den zusammengefügten Ton-Portionen wurden nun mit besonderer Sorgfalt verschlossen, wozu diese Nähte zunächst mit einem rundlichen Holzspatel ihrer Länge nach eingedrückt und die entstandene Rille anschließend mit Ton aufgefüllt und glatt gestrichen wurde. Die Nähte rund um den Topfboden wurden auf diese Art sowohl von innen als auch von außen verschlossen. Gleichermaßen verfuhr man auch mit Nähten in der Wandung, wobei der Topf hierbei von der jeweiligen Gegenseite her mit einem flachen Brettchen stabilisiert wurde.

Nun konnte mit dem Aufbau der Gesichter begonnen werden. Nacheinander wurden die einzelnen Bestandteile, wie etwa Augenbrauen, Nase, Mund, Wangen etc., auf die Topfwand aufgesetzt, in ihre Wunschform modelliert und sehr gut mit dem Untergrund verbunden.

Dies geschieht in ganz ähnlicher Weise, wie zuvor schon alle vorhandenen Nähte verschlossen worden sind: Wird eine Verbindungsstelle durch Einkerben mit einem Holzspatel geschwächt, wird an gleicher Stelle Ton hinzugefügt und glatt gestrichen (siehe hierzu auch weiter oben).

Bei der Ausformung der Gesichter sollte man sich unbedingt Zeit lassen!

Hatte man bisher noch wenig oder keine Erfahrung im Töpfern, wird man schon eine gewisse Zeit brauchen, um mit der Technik des Töpferns vertraut zu werden.

Wir sollten mit uns selber nicht zu ungeduldig sein und der in uns schlummernden Kreativität Zeit und Raum geben, damit sie zum Vorschein treten kann. Man vertieft sich alsbald in sein Tun und empfindet nichts als Freude dabei! Und dann ist plötzlich alles ganz einfach …

Sobald das Werk vollendet ist und das Ergebnis den eigenen Ansprüchen genügt, wird die Oberfläche des Tons geglättet. Dies geschieht mit angefeuchteten Fingern. Wir können uns hierzu auch einen abgeschnittenen Finger eines Gummihandschuhs überstülpen.

Tipp!

Soll der bepflanzte Topf später im Garten aufgestellt werden, empfiehlt es sich, ein Abzugsloch in den Boden zu stechen!

Das fertige Ton-Werk muss nun noch einige Tage trocknen, bevor es in den Brennofen kommt.

Schrühbrand

Zunächst werden die Töpfe bei einer Temperatur von etwa 850 bis 900 °C gebrannt, davon etwa vier Stunden bei einer „Aufheizzeit“ bis 500 °C und weitere drei Stunden bei bis zu 900 °C sowie einer Temperaturhaltezeit von 20 Minuten bei 900 °C! Bei diesem ersten Brand handelt es sich um den sogenannten „Schrühbrand“. Die verwendete Tonsorte ist entscheidend für die exakte Höhe der Brenntemperatur! Wer sich einen eigenen Brennofen angeschafft hat, sollte hier unbedingt die Herstellerhinweise beachten!

Glasurbrand

In unserem Fall wurden die gebrannten Ton-Köpfe noch ein zweites Mal bei einer Temperatur von 1.050 °C gebrannt und bekamen dadurch einen noch dunkleren Farbton. Vor dem zweiten Brand kann nach Wunsch auch eine Glasur aufgetragen werden. Man bezeichnet ihn daher auch als „Glasurbrand“. Diesmal wurde die Temperatur in zwei Stunden auf 500 °C und dann so schnell wie möglich, also „Volllast“, auf 1.050 °C gebracht, mit einer Temperaturhaltezeit von wiederum rund 20 Minuten.

Unglasiert gefielen uns die Ton-Köpfe jedoch am allerbesten und so verzichteten wir auf eine Glasur.

Aus flachen Platten werden Boden und Wandung der Töpfe ausgeschnitten.

Die Topfwand wird zusammengesetzt.

Ein flaches Holzstück wird als Stütze gegen die Topfwand gehalten …

… während die Naht verschlossen wird.

Die Naht auf dem Topfboden wird mit einem abgerundeten Holzstäbchen eingekerbt …

… anschließend wird Ton in die Kerbe gegeben und glatt gestrichen.

Die Bestandteile des Gesichts werden aufgesetzt, ausgeformt und geglättet.

Es macht Spaß, lustige Gesichter aus Ton zu gestalten.

Im Brennofen

Variante: in einer Gipsform erstellter Ton-Kopf-Rohling in individueller Ausformung

Die einerseits so weiche und anschmiegsame, andererseits auch relativ formbeständige Konsistenz von Ton macht aus ihm auch einen idealen Werkstoff zum Abformen.

An dieser Stelle soll daher gezeigt werden, wie man einen hohlen Pflanztopf (in unserem Fall ein Kopf mit einem Hohlraum zum Bepflanzen) mit Hilfe einer bereits vorhandenen zweiteiligen Gipsform erstellt. Zweiteilige Gipsformen gibt es bereits fix und fertig im Handel zu kaufen. Auch Internet-Börsen sind gute Beschaffungsquellen für zusammengesetzte Formen aus Gips. Sie können natürlich auch in Eigenregie mit Hilfe einer bereits vorhandenen Figur oder Form hergestellt werden.

Im hier gezeigten Beispiel nutzten wir eine vom Töpfermeister zur Verfügung gestellte zweiteilige Form, welche dieser zuvor als Abdruck einer vorhandenen Büste selbst angefertigt hatte. Der spätere Abdruck aus Ton kann vor dem Brennen noch beliebig verändert und ummodelliert werden und lässt daher genügend Raum für eigene Kreationen.

Benötigtes Material

- ☐ Je nach Größe der Form ca. 4–8 kg Tonmasse mit mindestens 40 % Schamotte
- ☐ Zweiteilige Gipsform
- ☐ Dünne, reißfeste Folie
- ☐ Einige kleine Holzwerkzeuge zum Bearbeiten des Tons
- ☐ Scharfes Messer
- ☐ Schutzkleidung

Vorgehensweise

Damit sich der Ton später leichter aus der Form ablöst, wird eine dünne Kunststofffolie eingelegt, die Form anschließend mit Ton ausgelegt. Der Ton muss gut in die beiden Teilstücke der Gipsform eingedrückt werden, damit wir einen vollständigen und möglichst ebenmäßigen Abdruck erhalten.

Überstehende Ränder werden mit einem Messer abgeschnitten und die beiden Teile der Gipsform dann aufeinandergelegt und gut zusammengedrückt.

Man langt nun ins Innere der Form und streicht alle Nahtstellen glatt. Dies muss sehr gründlich geschehen, damit hier keine Sollbruchstellen entstehen können. Außerdem wird ein kreisrundes Stück Ton als Boden für das spätere Pflanzgefäß etwa „in Kinnhöhe“ der Gipsform eingesetzt. Dessen Nahtstellen werden ebenfalls geglättet und auf oben beschriebene Weise bearbeitet (siehe dazu auch bei „Die richtige Technik zum Verschließen der Nähte“ auf S. 147).

Damit Wasser ablaufen kann, wird ein Loch in diesen Boden gestochen!

Nun ist es so weit und eine der beiden Gipsformhälften kann vorsichtig wieder abgenommen werden. Dazu stellen wir die Form in eine aufrechte Position.

Die Folie wird ebenfalls vorsichtig vom Ton abgezogen und die Ausarbeitung des Kopfes kann nun in Angriff genommen werden.

Fehler in der Oberfläche werden mit Tonmasse verschlossen und sorgfältig glatt gestrichen, die Ohren werden aufgesetzt und ausgeformt, die vorhandenen Gesichtszüge nach Herzenslust verändert und weitere künstlerische Details je nach Geschmack und Fantasie hinzugefügt.

Zwischenzeitlich wurde auch der zweite Teil der Gipsform abgelöst, sodass der Ton-Kopf nun im Ganzen fertig modelliert werden kann.

Tipp!

Soll der bepflanzte Ton-Kopf im Garten aufgestellt werden, empfiehlt es sich, ein Abzugsloch in den Boden zu stechen!

Sobald die Modellierung des Ton-Kopfes abgeschlossen und ein Ergebnis nach Wunsch entstanden ist, wird die gesamte Oberfläche des Tons mit angefeuchteten Fingern schön glatt gestrichen. Hilfreich ist ein abgeschnittener Finger eines Gummihandschuhs, den man sich hierbei überstülpt.

Nach einer mehrtägigen Trocknungsphase kann der Ton-Kopf schließlich im Brennofen gebrannt werden. Er erhält je nach verwendetem Ton und Höhe der Brenntemperatur einen neuen Farbton – in unserem Fall ein eindrucksvolles Ziegelrot – und ist fortan auch im Außenbereich einsetzbar.

Hinweise zum Brennvorgang befinden sich auf Seite 148.

In eine zweiteilige Gipsform …

… wird eine dünne Folie eingelegt.

Die beiden Formhälften werden anschließend mit Ton ausgelegt.

Die Form wird zusammengesetzt, die Nähte werden verschlossen.

Die Form wird abgenommen und die Folie entfernt.

Der Kopf kann nun nach Herzenslust fertig modelliert werden.

Eine künstlerische Auszeit nehmen …

Mahnmal: Knallig bunte Farben im Garten

Nun wird es bunt und dabei noch recht künstlerisch im Garten!

Ausgediente Autoreifen haben inzwischen einen nicht zu unterschätzenden Anteil an den stetig wachsenden Müllbergen, mit denen unsere Erde Tag für Tag beladen wird. Also liegt es nahe, auch aus Altreifen mit ein wenig Kreativität eine Behausung für Pflanzen zu gestalten.

Dass die alten Reifen auch aus künstlerischer Sicht einiges zu bieten haben, zeigt das nachfolgende Gestaltungsbeispiel.

Bunt bepflanzter Traktorreifen

Benötigtes Material

- ☐ Einige alte Autoreifen
- ☐ Wetterfeste Lacke, auch als Sprühfarben
- ☐ Mehrere Pinsel
- ☐ Stichsäge + Sägeblatt für Metall
- ☐ Ev. Bohrmaschine mit einem Steinbohrer
- ☐ Langes, scharfes Messer

Vorgehensweise

Mit einer Stichsäge schneiden wird den Reifen genau mittig durch, sodass wir zwei exakt gleich große Hälften erhalten. Wir brauchen hierzu ein Sägeblatt, welches speziell für Metall geeignet ist, da Autoreifen normalerweise mit Stahl verstärkt sind (Stahlgürtelreifen). Die erhaltenen Reifenhälften werden nun von innen und außen in poppig bunten Farben lackiert und gut trocknen gelassen.

Nun könnte man – wie im gezeigten Beispiel – die Reifen-Teilstücke nebeneinander auf eine kurz gemähte Wiese stellen oder sie gar ein Stück weit in die Wiese einlassen. Dazu wird die Grasnarbe zunächst mit einem scharfen Messer in der Breite des Reifens sowie auf einer Länge von etwa 30 Zentimetern angeschnitten. Anschließend wird das markierte Rasenteilstück mit einem Spaten aus der Wiese herausgehoben.

Die entstandenen Vertiefungen werden an den schmalen Seiten noch ein wenig abgeflacht, damit die Reifen dort sicher eingesetzt werden können. Dies geht wiederum am besten mit einem langen und scharfen Messer.

Nachdem die Reifen in die entstandenen Mulden gestellt worden sind, wird das zuvor entnommene Wiesenstück mit einem scharfen Messer noch ein wenig „in Form" geschnitten und anschließend in die Reifen eingesetzt.

Mit einer Stichsäge wird der Reifen in zwei gleich große Hälften geteilt.

Für den mit Stahl verstärkten Reifen benötigt man ein spezielles Sägeblatt.

Eine künstlerische Auszeit nehmen ...

Meine knallbunte „Altreifen-Skulptur“ sorgte im Dorf sofort für einige Verwirrung, sodass ich mit meiner Absicht, ein künstlerisches Werk zu schaffen, anscheinend auf Anhieb Erfolg hatte.

Die Aufmerksamkeit meiner Mitmenschen hatte ich also. Nun müsste man es noch schaffen, sie zum Nachdenken über den Sinn oder Unsinn der in die Wiese eingesetzten, bunt lackierten Reifen zu bringen.

Ich entschied mich bewusst dazu, die halbierten Reifen lediglich mit den zuvor ausgestochenen Grassoden zu bestücken, um den bunt lackierten „Pneus“ keinerlei Konkurrenz in Form von Blüten an die Seite zu stellen. Aus dem gewöhnlichen Plan, aus Autoreifen ein Pflanzgefäß zu gestalten, wurde schließlich die Idee geboren, ein „mahnendes“ Kunstwerk zu kreieren, das sogar ganz ohne bunte Blüten auskommen konnte. In einer Umgebung aus kurz geschorenem Rasen, umgeben von einer monotonen Fichtenhecke, wirkten die bunt lackierten Reifenhälften tatsächlich wie ein Fragment einer in weiter Ferne liegenden zukünftigen Gartenvision, bei der statt auf bunte Blumen lieber auf Recycling und schrille künstliche Farben gesetzt würde.

Bunte Blumen in bunten Reifen, das wäre auch wirklich zu viel des Guten gewesen.

Dennoch bekam das „Autoreifen-Recycling“ eine reelle Chance, sich an seinem Standort sinnvoll zu bewähren.

Indem ich meine Mitmenschen nach ihrer ehrlichen Meinung zu meinem „Reifen-Kunstwerk“ befragen würde, kam man vielleicht ins Gespräch. Ich war gespannt auf ihre Äußerungen! Aber abgesehen von den Ansichten meiner Mitmenschen wollte ich mit meinem „Mahnmal“ aus bunten Autoreifen vor allem

Bunt lackierte Reifen können als Mahnmal für mehr Farbe im Garten dienen.

auch mein eigenes Verhalten kritisch aufs Korn nehmen. Schließlich kann es nie schaden, auch sein eigenes Tun – und nicht nur das seiner Mitmenschen – gelegentlich kritisch zu hinterfragen und ein wenig Selbstreflexion zu betreiben. Mich selber mahnten die bunt gestrichenen Altreifen daher, die Gewächse meines Gartens, und hier vor allem auch die heimischen Pflanzen, bei aller Freude am Dekorieren mit Pflanzgefäßen, nicht zu vernachlässigen. Der Wunsch nach einem schönen Garten durfte niemals in einer Art Dekorations- oder Gestaltungswut gipfeln.

Die schönsten Stimmungen im Garten erzeugen eben doch die Pflanzen selbst. Mit schönen Pflanzgefäßen wollen wir deren Schönheit lediglich ergänzen oder manchmal auch erhöhen, jedoch niemals übertrumpfen! Das sollte meine ganz persönliche Vorgabe sein, an die mich die bunten Autoreifen in der Wiese jedes Mal erinnern sollten, wenn ich sie betrachtete.

An ihrem ihnen zugedachten Platz mahnten die bunten Reifen nun also tagaus und tagein, ob es nun regnete, stürmte oder schneite, jeden, der vorüberging, dazu, doch vielleicht wieder ein wenig mehr Farbe in sein eigenes Leben zu bringen, sei es durch farbenfrohe (heimische) Blumen, die man im Garten kultiviert oder durch vielerlei andere „bunte" Ideen.

Sollte ich mich entscheiden müssen zwischen buntem Lack und bunten Blüten, wählte ich selbstverständlich immer wieder das Letztere. Komme, was wolle.

Hinweis!

Lackierte Autoreifen können viele Jahre im Freien verbleiben. Lediglich der Farbanstrich beginnt sich nach einiger Zeit abzulösen.

Von einem Gemüseanbau in lackierten Gefäßen ist generell abzuraten!

Bepflanzter Adventskasten – natürlich aus Holz

Nicht nur während der Adventszeit schmücken wir unsere Balkone, Terrassen und Hauseingänge gerne mit bepflanzten Kübeln oder hübsch arrangierten Gestecken.

Haben wir vom Gehölzschnitt noch einen Stammabschnitt übrig, brauchen wir nur noch eine Kettensäge und jemanden, der damit umgehen kann, ein paar Pflanzen sowie etwas weihnachtliches Deko-Material.

Mit wenigen Schnitten entsteht ein rustikaler Holzkasten mit einem ausreichend großen Hohlraum zum Bepflanzen sowie einer natürlichen Oberfläche zum Dekorieren.

Vor allem natürliches Deko-Material, wie Moospolster oder aus Holz geschnitzte Figuren, passen von ihrer Optik her gut zu einem Holzstamm. Geschmackvoll arrangiert entsteht ein gestalterisches Highlight in der ansonsten eher tristen Umgebung eines winterlichen Gartens.

Benötigtes Material

- ☐ Ein Baumstamm mit einem Durchmesser von mindestens 15 Zentimetern
- ☐ Kleine Pflanzen der Saison, Trockenpflanzen, Moospolster, Figuren, Sterne, kleine knorrige Äste etc. zum Dekorieren
- ☐ Nägel mit kleinem Kopf (Drahtstifte)
- ☐ Kettensäge

Vorgehensweise – In nur 5 Schnitten zum Pflanzkasten aus Holz

Die ersten beiden Schnitte werden entlang der Längsseiten des ausgewählten Stammes gesetzt. Mit einer Kettensäge schneiden wir von beiden Seiten des Stammes jeweils eine Scheibe ab.

Der verbliebene Baumstammrest wird nun wiederum gut fixiert. Mit drei weiteren Schnitten wird anschließend der spätere Hohlraum zum Bepflanzen aus ihm herausgesägt. Zwei senkrechte Schnitte begrenzen die äußeren Enden des Pflanzraums, mit einem waagerechten Schnitt entsteht der spätere Boden des Pflanzkastens.

Es scheint nun, als wäre kaum noch etwas übrig geblieben von dem zuvor noch so dekorativen Stamm.

Von den Längsseiten wird jeweils eine Scheibe abgeschnitten.

Anschließend wird der Innenraum des Kastens ausgesägt.

Der ausgesägte Holzblock wird entfernt.

Doch dies ändert sich im Nu, wenn die anfangs abgetrennten Längsscheiben mit Nägeln wieder am Stamm befestigt werden. Die verwendeten Nägel aus Stahl, sogenannte Drahtstifte, sollten unbedingt über einen kleinen Kopf verfügen, damit sie optisch nicht allzu sehr in Erscheinung treten. Man sollte sie außerdem leicht schräg einschlagen, damit sich die Holzscheiben, als Folge des natürlichen Holzschwundes, später nicht so leicht wieder lösen können.

Entstanden ist ein rustikales Pflanzgefäß, welches der Jahreszeit entsprechend immer wieder neu bepflanzt und dekoriert werden kann.

Ich wollte mit dem Kasten zu meiner Schwester Brigitte fahren, da sie ein besonderes floristisches Talent besitzt. Vor meinen Augen schuf sie das auf der folgenden Seite abgebildete, so natürlich wirkende Advents-Arrangement.

Hinweis!

Damit der Stamm während der Bearbeitung mit einer Kettensäge nicht verrutschen kann, hat es sich bewährt, ihn auf einer Werkbank oder einem Spannbock festzusetzen.

Tipp!

Runde, aus Holzstämmen entstandene Pflanzkästen können auch mit ganz normalen verstellbaren Blumenkasten-Halterungen an einem Geländer angebracht werden.

Die Längsscheiben werden mit Nägeln wieder am Kasten befestigt.

Der entstandene Pflanzraum wird mit Traubenheide und Scheinbeere (Rebhuhnbeere) dekorativ bepflanzt.

Mit Moospolstern wird eine bezaubernde Waldszene nachgestellt.

Wie lange halten die Pflanzgefäße im Freien?

Damit wir die Gestaltung von Garten und Terrasse noch besser planen können, möchten wir schon im Vorfeld wissen, über welchen Zeitraum ein Pflanzgefäß unseren Garten oder den Balkon schmücken wird.

Einen guten Überblick über die Lebensdauer der hier im Buch vorgestellten Pflanzgefäße gibt die Tabelle auf der folgenden Seite.

Lebensdauer von Pflanzgefäßen im Freien

Pflanzgefäße	1 Tag	1–3 Wochen	mehrere Monate	1–2 Jahre	dauerhaft*
aus Keramik/ Porzellan				X	
aus Metall					X
Handtasche				X	
Blechdosen				X	
aus Glas**					X
gebrannter Ton					X
Blütenketten	X				
Kohlblätter		X			
ausgehöhlte Früchte		X			
Getränkekar- tons			X		
aus Reet, Kordel			X		
aus Gummi				X	
Autoreifen					X
Jeans				X	
Schuhe				X	
aus Holz***				X	
aus Beton					X

* „dauerhaft" umschreibt einen ungefähren Zeitraum, der auch von der Verarbeitung des jeweiligen Gegenstandes abhängt sowie der Qualität des verarbeiteten Materials. Die tatsächliche Lebensdauer kann daher schwanken und etwa zwischen drei und zehn Jahren liegen. Gegenstände aus Eisen und Beton können sogar eine noch höhere Lebensdauer erreichen!

** Gefäße aus Glas sollten im Winterhalbjahr in eine frostfreie Umgebung gebracht werden!

*** Holz ist mit Einschränkung auch länger als zwei Jahre im Garten haltbar. Wichtig ist ein Schutz vor dauerhafter Nässe mit Hilfe von Folie sowie die Verwendung einer Drainage (Kies, Sand, Splitt). Imprägniertes Holz hält ebenfalls wesentlich länger als unbehandeltes. Im Gemüseanbau sollte man auf den Einsatz von chemischen Konservierungsmitteln allerdings verzichten!

Bezugsquellen

Kachelöfen & Keramik „Brölerhof"
Karin & Dieter Baumann
Entwurf, Beratung, Technik, Keramik
53809 Ruppichteroth
Tel.: 02247 121 60
E-Mail: baumann.di@t-online.de
Web: www.broelerhof.de

MOSAIKSTUDIO Britta Kuth
In der Kümp 10
51465 Bergisch Gladbach
Tel.: 0177 249 60 72
E-Mail: info@mosaikstudio.de
Web: www.mosaikstudio.de

Beton-Kunst
Tröge + Schalen
51570 Windeck
Tel.: 0163 356 75 35
Web: www.gartenwelt-natur.de

Patterns mosaic&design
Mosaikmaterial – Hobby- und Künstlerbedarf
E-Mail: info@patterns-online.de
Web: www.patterns-online.de

Literaturverzeichnis

Bartholomew, Mel: Beete im Quadrat. Leopold Stocker Verlag, Graz 2013
Gleason, Chris: Alles aus Holzpaletten. Leopold Stocker Verlag, Graz 2013
Hill, Fionna: Kraftquelle Keimpflanzen. Leopold Stocker Verlag, Graz 2010
Höfler, Martha: Deko-Ideen und kleine Geschenke rund ums Jahr. Leopold Stocker Verlag, Graz 2013
König, Helga: Knopflastig. Leopold Stocker Verlag, Graz 2013
Meys, Sofie: Das Hochbeet für Gemüse, Kräuter und Blumen. Leopold Stocker Verlag, Graz 2012
Meys, Sofie: Deko aus Beton. Leopold Stocker Verlag, Graz 2013
Meys, Sofie: Lebensraum Trockenmauer. pala-Verlag, Darmstadt 2010
Neuhold, Manfred: Gewürze aus dem eigenen Garten. Leopold Stocker Verlag, Graz 2012
Witt, Reinhard: Natur für jeden Garten. Verlag NaturGarten, Heilbronn 2013, erhältlich beim Autor über den Buchshop: www.reinhard-witt.de
Witt, Reinhard: Wildblumen für Töpfe und Schalen. blv-Verlag, München 1998
Witt, Reinhard: Wildpflanzen für jeden Garten. blv-Verlag, München 1995